民航維修概論

成為航空器維修工程師的第一步
Introduction to Aviation Maintenance

郭兆書◎著

序

　　筆者從民國82年進入馬公航空公司從發動機工廠的技術員做起，前前後後在民航維修方面，累積了十多年的實務經驗。民國108年中，有機會進入虎尾科技大學附設航空維修訓練中心擔任教師，得以將這些年來的經驗傳授給年輕學子，奉獻薄力為民航產業培養未來的航空器維修工程師。

　　有鑑於近年來高職和科大飛修相關科系一個個成立，即使市面上已有不少工程專業科目的教科書，但仍缺乏一本基礎書籍來帶領新手對整個民航維修有全盤的認識，所以筆者決定從根本面下手，先從飛安事故實例開始，引出民航維修的重要性，其中有幾件失事被拍成空中浩劫影片，教師可以在講課時選擇其中一兩部讓學生觀看，以加強學習效果。

　　其次說明人為因素學，這是報考民航局核發航空器維修工程師檢定證非常重要的一個科目，教師可藉本書或各節參考文件來補充勞動部飛機修護技術士檢定所欠缺的部分。接著，讓讀者知道民航維修的人員要求，以及如何成為合格的民航維修人員。

　　儘管本書主要著眼於民航機的維修，但仍藉由適航的觀念，來介紹與民航機設計和製造有關的法規常識。這部分大量參考了《國際民用航空公約》的附約和國際民航組織出版的文件，力求與國際接軌。

　　「工欲善其事，必先利其器」，這是大家耳熟能詳的道理。因此，一些常用普通工具和特種裝備的使用方法，也在本書中做個簡單的說明。

　　藉由第六章各維修部門和職務的介紹，筆者期望有志往民航發展的年輕人，好好思考未來要往哪裡走，為自己的職涯做個適當的規劃。

　　本書最後以各種維修手冊及文件的介紹做為結尾，畢竟在民航維修產業，按照正式書面資料來工作是一個根本的原則，各位有必要對維修手冊及文件的內容與使用說明有大致的認識。

　　總之，本書先由歷史教訓開頭，引出人為因素學，再從人（資格）、事（適航）、物（工具）、環境（組織）、軟體（文件）這五大面向來呈現民航維修產業的全貌。因此，讀者應以筆者這個觀點來評價本書，而不是只由目錄看到第二章就說本書是關於人為因素學的專書，或僅因為第七章的篇幅較多就認定本書是專門在講維修手冊，這樣就未免顯得瞎子摸象、見樹不見林了。

　　感謝虎科大AMTC同仁和揚智文化公司的大力協助，讓這本書能順利付梓。正如人為因素學的根本觀念「只要是人，都會犯錯」，筆者也不敢夜郎自大到認為自己一定是對的。本書若有任何錯誤，歡迎來信tonykuo@nfu.edu.tw指正。

　　讓我們為民航維修產業的未來一起努力！

郭兆書 謹識

2021年3月於雲林虎尾

目　錄

Chapter 1

民航維修的重要性

本章將以實際發生的飛安事故爲例，介紹民航維修的重要性，目的是讓讀者瞭解民航維修作業是如何確保飛航安全。

 # 第一節　概　述

飛安事故的發生經常由許多因素造成，其中一項就是民航維修的疏失，從1991年至2020年這卅年間，國內外發生了多起因爲維修失誤造成民用航空器（aircraft）失事的記錄，摘要如**表1-1**。

限於本書篇幅，無法逐一介紹並分析這些維修失誤造成的失事事件，只能選擇其中五項，在後續兩節詳加說明。

 # 第二節　飛機維修事故

本節要介紹的三起因維修失誤而造成的飛機事故，都屬於民用航空運輸業的範圍。

《民用航空法》第2條第11款定義「民用航空運輸業」是「指以航空器直接載運客、貨、郵件，取得報酬之事業。」

一、未裝妥螺釘造成結構解體[1]

1991年9月11日，一架註冊編號N33701的巴西製EMB-120螺旋槳客機，由美國大陸快運公司操作執行2574航班時，在空中發生結構解

---

[1]本項參考文件：《失事報告》PB92-910405 NTSB/AAR-92/04，網址https://www.ntsb.gov/investigations/AccidentReports/Pages/AAR9204.aspx。

表1-1 維修失誤造成民用航空器失事的記錄（1991-2020）

失事日期	航空公司班號／機型	可能肇因	空中浩劫影片
1991/09/11	大陸快運2574/EMB-120	水平尾翼未裝妥螺釘	第11季第4集
1992/07/30	環球航空TW843/L-1011	攻角感測器故障未修好	
1994/03/01	西北航空NW18/B747	發動機插銷未裝回	
1994/06/06	中國西北航空WH2303/Tu-154M	航電系統插頭接錯	
1996/05/11	ValuJet/DC9	貨艙中的氧氣瓶著火	
1996/10/02	秘魯航空603/B757-23A	洗飛機後未拆靜壓板蓋子	第1季第4集
1998/09/02	瑞士航空SR111/MD-11	客艙娛樂系統短路	第1季第3集
1999/02/24	中國西南航空SZ4509/Tu-154M	錯誤地安裝不符合規定的自鎖螺帽	
2000/01/31	阿拉斯加航空AS261/MD-83	不依規定保養導致螺桿磨損	第1季第5集
2000/02/16	Emery Worldwide/DC-8	水平尾翼未固定	
2001/08/24	越洋航空TS236/A330-243	錯誤地安裝零件，導致油管磨破、燃油漏光	第1季第6集
2001/09/03	凌天航空B-31135/Bell 206B-3直昇機	油箱含水量過高導致發動機空中熄火	
2002/05/25	中華航空CI611/B747-209B	結構修理失當	第7季第1集
2003/01/08	全美快運5481/Beechcraft 1900D	升降舵鋼索由不合格人員維修+載重平衡	第5季第5集
2005/08/06	突尼西亞國際航空UG1153/ATR 72–202	更換錯誤的燃油指示計（FQI）	第7季第6集
2011/12/07	Sundance Helicopters N37SH/AS350B2	錯誤地安裝不堪使用的零件	
2014/12/18	凌天航空B-31019/Bell 206B3直昇機	發動機壓縮器維修失當	

體而墜毀於德州鷹湖（Eagle Lake, Texas）附近的玉米田，造成機上2名航空器駕駛員、1名客艙組員（cabin crew）、11名乘客不幸死亡。NTSB[2]在失事報告中指出，可能肇因是維修和檢驗人員的失誤，對水平安定面除冰靴（horizontal stabilizer deice boots）的維修不當，導致左側水平安定面前緣在空中脫落，使得飛機受到突發的下俯力矩而毫無預警地墜機。

這架EMB-120螺旋槳客機的尾翼是T字形，也就是水平安定面在垂直安定面的頂端。NTSB發現水平安定面從飛機結構脫落，掉在距離墜機點650英呎（約200公尺）處；至於水平安定面左側的前緣除冰靴（leading edge deice boot）則遠遠遺落在距離墜機點3/4英哩（約1.2公里）的地方（《失事報告》第11頁第1.12節第2段）。

仔細比較左側前緣除冰靴的螺釘孔，赫然發現上表面的螺釘孔相當完整，但下表面的螺釘孔卻嚴重損毀，代表下表面的固定螺釘孔受到強烈拉扯的力量而破裂。NTSB並未在飛機殘骸堆中發現上表面的47顆螺釘（《失事報告》第12頁）。

依據NTSB對維修人員所做的訪談，在失事前一晚，N33701的兩側水平安定面除冰靴都有工作要做。中班（2nd shift）機械員把右側水平安定面下表面的螺釘拆了大部分，中班檢驗員則爬到水平安定面頂上，拆掉右側前緣的螺釘，再走到左側拆掉上表面的螺釘，至於左側水平安定面前緣下表面的螺釘則仍然固定在飛機上（《失事報告》第25頁）。

因爲從下方看不到水平安定面上表面的螺釘，所以很難發現這些螺釘是否裝妥。而且，接替中班工作的夜班（3rd shift）維修人員也未被告知左側水平安定面上表面的螺釘已經拆掉。此外，由於夜班是在棚廠外面執行工作，在光線昏暗的情況下，即使夜班檢驗員爬上右側

---

[2]NTSB全名爲National Transport Safety Board，是美國的運輸事故調查單位。

水平安定面查看工作結果，也沒察覺到左側水平安定面上表面的螺釘並未裝妥（《失事報告》第26頁）。

中班檢驗員只在交接簿上簡單寫下 "helped the mechanic remove the deice boots." 就打卡下班回家。他把拆下的螺釘留在升降平台車上，但夜班機械員並未看到這包螺釘（《失事報告》第28頁）。

這名拆卸水平安定面上表面螺釘的中班檢驗員，事發之前曾在8月檢查發動機排氣管（exhaust stack）時未發現裂紋，隨後又在文書作業時遺漏了15張工卡（task card）（《失事報告》第7頁）。

航空公司會特別針對重要的工作項目設定為「必須檢驗項目」（required inspection item, RII）[3]，而水平安定面正是其中之一。只要列入RII，就必須由品質檢驗員來再次確認。事實上，更換水平安定面前緣除冰靴的工卡上也明確地標示RII。然而，該航空公司的主管和品質檢驗員，卻說水平安定面前緣除冰靴的拆裝並不屬於RII（《失事報告》第30頁）。

總之，在晚班檢驗員拆下左側水平安定面前緣的螺釘後，由於未確實與夜班人員交接，而夜班人員又因所站位置和飛機在棚廠外面的照明不夠亮，也未察覺一整排螺釘都沒裝妥，就讓N33701出廠執行載客任務。於是在空氣動力的作用下，左側水平安定面在空中脫落，使得水平安定面無法提供讓機頭上仰的力矩，因此機頭急速下俯，飛機受力超出結構強度而在空中解體，終於墜地失事。

---

[3]依據美國聯邦航空法規（Federal Aviation Regulation，簡稱FAR）§135.429規定，(a)必須檢驗項目之執行者應經過認證、受過適當訓練、合格且被授權可執行必須檢驗項目；(b)必須檢驗項目之執行者應在品質檢驗單位（inspection unit）的監督之下執行必須檢驗項目；(c)必須檢驗項目之執行者不應是執行該項工作者。由此可知，一個人執行該項工作，而檢驗其工作是否正確則應由另一個人來做。並且這個檢驗其工作是否正確的人要隸屬於品質檢驗單位，也要合格且被授權。

二、接錯插頭造成飛操信號錯誤使飛機失控[4]

　　1994年6月6日，一架註冊編號B-2610的俄製Tu-154M客機，由中國大陸西北航空公司操作執行WH2303航班由西安飛往廣州時，因「地面維修人員在更換傾斜阻尼插頭和航向阻尼插頭時互相接錯，起飛後，導致飛機操縱性能異常，使穩定性變壞，最後失去控制」（《前車之鑑》第146頁）。

　　這架Tu-154M起飛後，航空器駕駛員就發現飛機有劇烈的橫向擺動，雖然立刻採取改正行動，包含接通自動駕駛儀等方法，卻使擺動程度更加惡化。先是空速降至每小時373公里、攻角20度，觸發了失速警告。接著，飛機突然向左滾轉並急劇下俯，最大下俯角達到65度，最大左坡度66.8度。由於急劇下俯，空速大幅加快到每小時747公里，觸發了超速警告。高度也由4717公尺降到2884公尺，航向則由280度左轉到110度，最大垂直負載2.7G、最大側向負載1.4G。在高度2884公尺的低空，B-2610由於擺動幅度過大導致結構損壞，在空中解體、墜機失事。機上14名組員、146名乘客全數喪生（《前車之鑑》第330頁）。

　　失事調查人員發現，傾斜阻尼插頭和航向阻尼插頭位置靠近，又沒有明顯標示讓維修人員容易識別，因此造成維修失誤。「飛機起飛後，傾斜阻尼感受到的傾斜角速度信號傳給了方向舵機，而航向阻尼陀螺感受到的偏航角速度信號傳給了副翼舵機，正好相反。因此，飛機在起飛滑跑後段，飛行員蹬舵保持航向，產生偏航角速度，這一信號傳給了副翼舵機，從而產生偏航角速度對應的副翼偏轉。飛機在滑跑過程中速度小，飛行員並不感到飛機有傾斜，飛機離地後，很快

---

[4] 本項參考文件：徐柏齡主編，《前車之鑑》，中國民航出版社，1999年。

形成明顯傾斜。飛行員在為修正飛機姿態而操縱駕駛盤時，傾斜角速度信號傳給了方向舵機，方向舵也跟著偏轉，使飛機姿態發生異常變化，飛行員感到無法控制，連續報告地面『飛機飄擺』，『兩個人操作也保持不住』」（《前車之鑑》第175至176頁）。

事隔不到五年，1999年2月24日，另一架註冊編號B-2622的俄製Tu-154M客機，由中國大陸西南航空公司操作執行SZ4509航班由成都飛往溫州時，因飛機俯仰控制系統機械失誤，再次造成飛機在空中失控墜毀的悲劇。

連續發生機械因素釀禍的情況在全球民航史上極為罕見，「說明中國民航的機務工作在管理上存在漏洞，同時維修人員素質的提高也到了時不可待的地步」（《前車之鑑》第81頁）。這是廿多年前，中國大陸民航界自我深刻反省的心聲，也是我們做為民航維修人員必須銘記在心的血淋淋案例，希望相似的維修失誤，不會繼續發生。

三、誤用零件造成燃油漏光使發動機熄火[5]

2001年8月24日，一架註冊編號C-GITS的歐洲製A330客機，由加拿大越洋航空公司操作執行TS236航班時，因沒有燃油可用而造成兩具發動機都熄火，緊急滑翔到就近的拉日什（Lajes）機場安全降落後，機上293名乘客和13名組員都順利存活。緊急逃生時，有2名乘客受到重傷，另有14名乘客和2名組員受到輕傷。葡萄牙航空失事預防暨調查部（Aviation Accidents Prevention and Investigation Department）在失事報告中指出，可能肇因是安裝錯誤的零件導致右發動機的燃油管被磨

---

[5]本項參考文件：失事報告22/ACCID/GPIAA/2001，網址https://web.archive.org/web/20120426052219/http://www.gpiaa.gov.pt/tempfiles/20060608181643moptc.pdf。

破造成漏油，以致無油可用後兩具發動機都熄火，必須以滑翔方式緊急降落。

TS236航班原本計畫裝載47.9公噸的燃油，比法定油量高出5.5公噸。起飛時的實際油量是46.9公噸。飛航途中，航空器駕駛員由ECAM**6**的發動機頁面發現右側（2號）發動機滑油溫度低（65℃）、壓力高（150psi）的不尋常情況，因此透過無線電聯絡位於加拿大魁北克省米拉貝爾（Mirabel）的修護管制中心（Maintenance Control Center, MCC）請求協助。隨後又從燃油頁面得知左右兩側內主翼油箱不平衡。為了克服不平衡的情況，航空器駕駛員打開了燃油交輸瓣（cross feed valve），並關閉右主翼燃油泵，好讓燃油從左主翼油箱輸送到右側發動機。

十多分鐘後，航空器駕駛員發現已經沒有足夠油量飛到目的地里斯本（葡萄牙首都Lisbon），因此決定轉降到亞速爾（Azores）自治區特塞拉（Terceira）島的拉日什機場。三分鐘後，機上油量只剩7公噸。航空器駕駛員曾要求客艙組員查看主翼和發動機是否有漏油情況，但回報並未發現漏油。

稍後，航空器駕駛員決定打開右主翼燃油泵，並關閉左主翼燃油泵，打算讓右主翼油箱的燃油供應給兩具發動機。這是因為他們懷疑右主翼油箱漏油，導致機上油量急速減少，所以儘快把右主翼油箱的燃油用盡──不用的話還是會漏光。

即使在MCC的協助下，航空器駕駛員仍然無法解決油量急速減少的問題，於是在巡航空層390時右發動機先熄火，然後下降到巡航空層345時左發動機接著熄火，整架A330客機只能藉由滑翔的方式，飛往就近的拉日什機場。

6ECAM全名為Electronic Centralized Aircraft Monitoring，是顯示飛機系統狀態和警告訊息的螢幕。

在發生事故之前的8月15日,維修人員發現這架飛機的右側(2號)發動機的滑油系統主金屬屑探測器(master chip detector)有金屬屑[7]。8月17日再度發現金屬屑,但無法判斷金屬屑來自何處,所以打算拆下這具發動機來做徹底的檢查。

雖然越洋航空公司沒有自己的備用發動機,但有一具向RR公司租借的發動機可以使用。於是在8月17日午夜,執行了更換發動機的任務。

一開始工作很順利,直到打算把待修發動機的後液壓泵移到將要安裝的發動機時,居然發現後液壓泵被件號FK12446的高壓燃油泵入油管(high pressure fuel pump inlet tube)擋著而無法裝上[8]。

在維修文件分解零件件號冊(illustrated parts catalog, IPC)上標明有一份RR公司的技術通報[9]RB-211-29-C625與此事有關。這具租借的發動機並未執行這份技術通報所述的改裝工作,也就是處於所謂的pre-SB狀態。而拆下的發動機已執行完成這份技術通報,也就是處於所謂的post-SB狀態。由於指揮發動機更換工作的領班無法取得這份技術通報的內容,且工程部門說把待修發動機的後方燃油管拿來繼續用就

---

[7]金屬屑探測器有個磁鐵,當軸承或齒輪磨損造成的金屬屑被滑油帶到金屬屑探測器,就會吸附在磁鐵上。一旦維修人員取出金屬屑探測器的磁鐵,就會看到金屬屑。

[8]一般來說,液壓泵不是發動機的一部分,這代表更換發動機時,只要液壓泵沒有故障,就繼續使用原來的液壓泵。因此要把液壓泵從待修的發動機拆下,再裝上可用的發動機,這樣子當發動機裝上飛機時,才有液壓泵可被驅動而產生液壓壓力。

[9]技術通報的英文是service bulletin,簡稱SB,直譯是服務通報,但民航界是極為重視法(令)遵(循)的行業,因此譯名應以官方的法規為標準。依據交通部公布的《航空產品與其各項裝備及零組件維修廠設立檢定管理規則》第十三條第四項第六款,使用技術通報一詞,故本書基於法遵立場,亦配合官方使用技術通報一詞。雖然有不少人按照英文直譯為服務通報,但這並不符合法遵。強烈建議在民航界把法定用詞當成唯一標準,除非交通部法修法,否則應稱技術通報而不應稱服務通報。本書第七章第十節將會舉出一些SB的例子。

好。此時，在燃油管和液壓泵管路之間，有些許分隔而不會磨到。

這具發動機原本計畫在香港的HAESL發動機工廠維修時，要執行技術通報RB-211-29-C625，但因零件短缺而沒做。試車時並未裝上液壓泵，這是可以被接受的。然後這具發動機在2001年7月底被送到位於多倫多的加拿大航空（Air Canada），並在8月1日依越洋航空的請求，送到魁北克省米拉貝爾當成備用發動機。

換完發動機之後，領班和另一名技術員檢查都未發現異常情況。發動機經過地面試車後，帶著post-SB的液壓泵（件號974800）、post-SB的燃油管（件號FK30383）和pre-SB的液壓管（件號LJ51006），在C-GITS這架飛機上運作。

事故調查發現，右發動機的高壓燃油泵入油管（high pressure fuel pump inlet fuel tube）與液壓管路硬碰硬接觸因而破損，造成燃油漏光、兩具發動機熄火。這根件號FK30383的燃油管，有大約3英吋長、1/8英吋寬的L形裂紋，推測是與件號LJ51006的液壓管硬碰硬接觸所造成。燃油就是由管子裂紋不斷漏出，因而右主翼油箱的油量快速減少，造成左右兩邊主翼油箱不平衡。當航空器駕駛員打開交輸瓣讓左主翼油箱的燃油流到右發動機，漏油情況繼續發生，於是左右兩側主翼油箱的燃油全部漏光。

至於一開始右側（2號）發動機滑油溫度低（65℃）、壓力高（150psi）的不尋常情況，RR公司推測，這是因為漏油位置是在燃油／滑油熱交換器上游，較冷的燃油流過熱交換器，吸收了滑油的熱量，使滑油溫度很低。而Mobile Jet廠牌的滑油會因溫度降低而急劇加大黏滯度（viscosity），高黏滯度造成滑油泵出口壓力變大。

總之，維修人員為C-GITS更換發動機時，由於未能充分暸解技術通報的內容，因而讓post-SB的燃油管和pre-SB的液壓管裝在同一具發動機上，造成兩者硬碰硬接觸而使燃油管磨破、燃油嚴重漏出。當航空器駕駛員察覺兩側主翼油箱不平衡時，又誤判是右主翼油箱漏油，

因而把左主翼油箱的燃油透過交輸瓣送到右發動機，於是連左主翼油箱的燃油也從右發動機破裂的燃油管漏光。最後導致飛機完全沒油可用、兩具發動機在空中熄火，不得不採取滑翔方式緊急降落。幸虧飛機的滑翔能力夠好，得以安全降落在機場跑道上，只造成少數人員受傷、無人喪生的好結局。

 ## 第三節　直昇機維修事故

本節要介紹的兩起因維修失誤而造成的直昇機事故都屬於普通航空業的範圍。

《民用航空法》第2條第12款定義「普通航空業」是「指以航空器經營民用航空運輸業以外之飛航業務而受報酬之事業，包括空中遊覽、勘察、照測、消防、搜尋、救護、拖吊、噴灑、拖靶勤務、商務專機及其他經核准之飛航業務」。普通航空業所用的機型，包含飛機、直昇機和熱氣球，本節只介紹直昇機部分，至於熱氣球的事故案例則在下一節說明。

一、裝上不堪使用的零件造成直昇機失控[10]

2011年12月7日，在美國的太平洋標準時間（Pacific standard time）下午16:30左右，一架註冊編號N37SH的歐洲製AS350-B2直昇機，由美國Sundance Helicopters公司操作前往胡佛大壩（Hoover Dam）區域執行霞光遊覽（twilight tour）時，在空中因失控而墜毀於

---

[10]本項參考文件：失事報告NTSB/AAR-13/01 PB2013-103890，網址https://www.ntsb.gov/investigations/AccidentReports/Reports/AAR1301.pdf。

拉斯維加斯東方大約14英哩的山區，造成機上1名航空器駕駛員、4名乘客不幸死亡。NTSB在失事報告中指出，可能肇因是缺乏人為因素學訓練的維修人員在疲勞的情況下，由於工卡步驟不明確，而不當地安裝已經不堪使用的自鎖螺帽（self-locking nut），導致主旋翼前後方向伺服機構（fore/aft servo）與飛操輸入連桿（flight control input rod）無法連接，使得直昇機失去控制而突然墜機。

這架直昇機在朝著東南方前往胡佛大壩的途中，以120節左右的地速保持在3500英呎平飛。但失事前一分鐘，突然爬升到4100英呎，向左轉大約90度，然後速度變慢。接著又下降到3300英呎並朝著東北方飛了大約20秒，然後左轉並以每分鐘至少2500英呎的下降率直衝地面。

失事前一天，這架直昇機被安排進廠做100小時定期檢查，並換新的尾旋翼伺服機構、發動機和主旋翼前後方向伺服機構。有4名維修人員參與工作，一人更換前後方向伺服機構、一人更換尾旋翼伺服機構、一人更換發動機，還有一人擔任品質檢驗員。

更換前後方向伺服機構的機械員持有機體及發動機檢定證，在2011年6月被Sundance Helicopters公司僱用之前，雖具有普通航空業和商務噴射機各一年的維修經驗，但沒有任何的直昇機維修經驗，也沒有參加過任何針對直昇機維修的訓練。在Sundance Helicopters公司任職的6個月之內，他做了6次前後方向伺服機構的安裝工作。失事直昇機進廠維修當天，他原本沒班，公司卻在前一天通知他來上班。

檢查這架直昇機的人，在失事之前半年開始擔任品質檢驗員。被Sundance Helicopters公司僱用之前，具有2年的商用飛機維修經驗，以及7年的民用直昇機維修經驗。失事直昇機進廠維修當天，他原本沒班，公司卻在前一天通知他來上班。

按照直昇機製造商Eurocopter的《標準實作手冊》（*Standard Practices Manual*，簡稱SPM），要重複使用自鎖螺帽之前，必須確認

尼龍鎖定（nylon lock）材料並未受損，並用手帶上螺帽。若螺帽很容易鎖緊，代表尼龍鎖定材料已受損，就不能再用這個螺帽。若螺帽很難用手鎖緊，就可以再使用。

此外，依據《標準實作手冊》，城堡型的自鎖螺帽裝在螺栓後，要先上扭力到最小值，再繼續增加扭力，直到螺栓末端的孔對準自鎖螺帽的空隙，就可把開口銷（split pin又稱cotter pin）穿過螺帽和螺栓，最後把開口銷的兩隻腳彎折超過90度圍繞螺帽。

調查人員發現，讓飛操輸入連桿固定在主旋翼前後方向伺服機構的螺栓、墊圈、自鎖螺帽、開口銷（如**圖1-1**所示）都不見了，代表這些扣件在失事前一天維修時，並未被裝妥。未裝開口銷的自鎖螺帽因尼龍鎖定材料不堪使用而鬆了並掉落，螺栓也跟著脫落。於是在飛行當中，飛操輸入連桿與主旋翼前後方向伺服機構不再連接，航空器駕

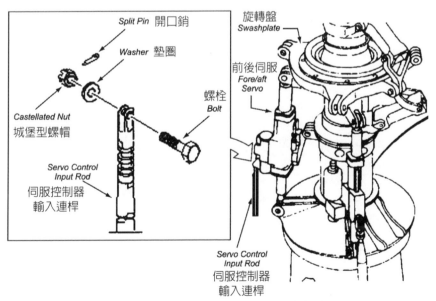

圖1-1　伺服機構與輸入連桿的連接方式

圖片來源：本項參考文件NTSB失事報告。

駛員無法控制直昇機因而墜地。

這份失事調查報告揭露了四項維修失誤：

1. 不當地安裝已經不堪使用的自鎖螺帽。雖然直昇機製造商
Eurocopter和美國FAA[11]都出版了重複使用自鎖螺帽的指引，但
Sundance Helicopters公司的維修人員並未遵守。對於AS350-B2
直昇機來說，除了自鎖螺帽之外，還要裝上開口銷，才算是真
正固定。在重要的飛操零件上不當地裝上不堪使用的自鎖螺帽
是很危險的事，因為固定飛操零件所需的第一道防線失守了。
為此，FAA在2013年發布了AC 43-16A來告知直昇機維修人員。

2. 維修人員的疲勞。失事前一天參與維修工作的機械員和品質檢
驗員，有可能在12月6日一大清早上班時，因沒有充足時間來
調整作息而感到疲累。所以不當地固定前後方向伺服機構的扣
件、不當地安裝液壓皮帶，維修後的檢查執行也不夠確實。

3. 工卡步驟不明確。維修工卡並未清楚地指明檢查步驟，以避免
人為因素發生錯誤。如果工卡能更明確一點，就可讓機械員和
品質檢驗員確認維修工作的正確性，尤其是在涉及重要飛操零
件的工作。

4. 維修人員缺乏人為因素學的訓練。儘管FAA已發布有關人為因
素學的指引，並再三強調人為因素學訓練的重要性，但仍有維
修人員未接受人為因素學的訓練。FAA只要求Part 145維修廠的
人員接受人為因素學訓練，並未要求Part 121、135或91的K分類
的維修人員接受人為因素學訓練[12]。

---

[11]FAA全名為Federal Aviation Administration，相當於美國的民航局。
[12]Part 145是指本身不操作飛機、只為客戶維修飛機的業者，例如國內的長榮航太
公司。Part 121是指本身操作飛機載客載貨的業者，例如國內的長榮航空公司。
Part 135是指操作30人座以下飛機進行隨叫隨到（on-demand）運輸，或以9人座
以下飛機進行通勤（commuter）運輸的業者，與國內的德安航空公司或普通航

總之，在維修人員拆下自鎖螺帽後，由於未確實查看自鎖螺帽是否堪用、未安裝開口銷，而品質檢驗員又未能徹底檢查，就讓N37SH出廠執行載客任務。於是飛操輸入連桿在空中與主旋翼前後方向伺服機構脫離後，使得航空器駕駛員無法控制直昇機，因此直昇機以很高的下降率急速俯衝，最後墜地失事。

二、燃油含水量過高造成發動機熄火[13]

2001年9月3日，一架註冊編號B-31135的美製貝爾206B-3型直昇機，由本國凌天航空操作進行礙掃作業[14]時，在空中因發動機熄火而緊急降落。但因安全高度不足，導致尾桁（tail boom）勾撞電纜後解體，墜毀於臺中市軍功路一段98巷內的竹林，造成機上1名航空器駕駛員、1名水槍操作員不幸死亡。

ASC[15]在失事報告中指出，可能肇因是大量水液侵入該機燃油系統末端，含水量高達96~98%；當燃油遭到水或其他污染，將會導致熄火或動力喪失；且油車油槽底部的燃油含水高達99.9%，判斷當天油車並未有效執行洩水作業。此外，與風險有關的調查結果顯示：凌天航空的航務和機務人員雖曾受過該型直昇機油箱洩水作業的訓練，但不包含燃油含水鑑定方法；油箱洩水作業依賴個人判斷執行，未確認燃油是否仍殘存水分；該型直昇機洩水閥裝置不在油箱底部，無法完全

空業類似但不完全相同。Part 91的K分類是指商務專機持分所有權（fractional ownership）的使用人，目前國內尚無此一分類。

[13] 本項參考文件：失事報告ASC-AAR-02-07-001，網址https://www.ttsb.gov.tw/media/3400/asc-aar-02-07-001.pdf。

[14] 高壓電塔上固定電纜之瓷製絕緣物稱為礙子，以水柱清洗礙子之積塵稱為礙掃作業。

[15] ASC全名為Aviation Safety Council，是本國的航空事故調查單位，現已改組為國家運輸安全調查委員會（Taiwan Transportation Safety Board，簡稱TTSB）。

排除積水，且不符合該機型的認證需求條件。

失事當天起飛前，這架直昇機有40加侖的燃油，完成第一趟任務還剩35加侖，未加油只加水就繼續第二趟和第三趟任務。第四趟任務起飛前，油量由21加侖補充至35加侖，且更換航空器駕駛員。出發後尚未抵達電塔進行礙掃作業，途中就墜落失事。

發動機由直昇機殘骸拆下後，運送至位於臺南的亞洲航空公司拆解，冷段和熱段均未發現異常現象。機身燃油濾網和發動機燃油濾網均未發現異物阻塞，但這兩者和燃油泵（fuel pump）、燃油噴嘴防逆瓣（fuel check valve）、燃油控制器（fuel control）、燃油箱、增壓泵（boost pump）裏面通通都有異常液體，無臭味亦無燃油觸感。經由中山科學研究院第一研究所航空材料組轉送中興大學化學系檢驗後，大部分都是水。

失事直昇機所用的燃油來自於中油公司位於臺中航空站的航油站，失事前一個月的油品檢查全都合格，中油加油車於每日執行放水及試紙測試，也都沒有含水的紀錄。而凌天航空公司的兩部油車，在失事前曾至臺中航油站共計加油1903公升，均無燃油補充或使用紀錄、檢查保養紀錄、使用操作說明。

儘管該型直昇機的認證文件明訂在地面水平姿態時，必須在燃油箱最低處設有污油櫃和洩水閥，以便蒐集燃油中沉澱雜質並將其排出機外；也規定燃油系統要在最低處設有洩水裝置，以利系統零件中的液體排出機外。但因直昇機外型流線的緣故，實際上洩水閥高於油箱前端底部，以致有大約0.192加侖的積水無法排出、留存在油箱裏面。如果洩水閥的設計可讓空氣冷凝水徹底排出，就會讓油箱內的水分含量大大地減少，或許可避免類似事件發生。

總之，維修人員為B-31135加油時，未確認燃油含水量，因而讓大量水分進入燃油系統。前三趟任務的含水量還不算太高，故未出現發動機熄火的情況。第四趟任務就因為含水量過高，起飛大約4分鐘後，

航空器駕駛員就發現直昇機動力突然消失，只能利用僅剩的動能緊急實施自動旋轉落地。雖然預計迫降地點是附近最平坦開闊的地方，但因離地約十幾公尺高度有臺電供電纜線，在動力全失的情況下無法閃躲，以致尾桁勾撞電纜使機頭驟然下沉。最後直昇機在失去平衡的狀態下，不幸墜毀於地面，重量及衝撞的速度造成尾桁與機身解體，首尾異處。

第四節　熱氣球事故[16]

近年來熱氣球繫留或觀光活動在國內蓬勃發展，雖未發生過因維修失誤而造成熱氣球事故的案例，但紐西蘭一件11人死亡的失事事件蠻值得大家省思。

2012年1月7日，一具註冊編號ZK-XXF、紐西蘭Early Morning Balloons Limited公司所有、交由Ballooning New Zealand Limited公司操作的Cameron A210熱氣球（hot-air balloon），在卡特頓（Carterton）附近進行空中遊覽時，吊籃撞及電壓33kV的供電纜線（power lines），導致高壓電弧引發火災，且一罐液化天然氣（LPG）桶破損、漏出可燃氣體，助長了火勢。兩名乘客先在離地20公尺處跳下但摔死，而熱氣球因燃燒產生的熱空氣繼續升高到離地110至150公尺，最後由於球體著火燒毀而墜落地面，總共造成1名航空器駕駛員、10名乘客不幸死亡。

TAIC[17]在《失事報告》中指出，可能肇因是航空器駕駛員不當的

---

[16]本節參考文件：《失事報告》Aviation inquiry 12-001，網址https://www.taic.org.nz/inquiry/ao-2012-001

[17]TAIC全名為Transport Accident Investigation Commission，是紐西蘭的運輸事故調查單位。

判斷和決策。這是因為在航空器駕駛員血液中發現每公升2微克的四氫大麻酚（tetrahydrocannabinol，簡稱THC），而THC是大麻[18]的有效成分（active ingredient），這樣的THC含量是長期和近日吸食大麻造成的現象。TAIC認為，當時航空器駕駛員應降低熱氣球高度，如此將可提高乘客的存活機會。但或許由於大麻會損害人的判斷和決策能力，故不能排除航空器駕駛員受大麻影響而做出錯誤判斷，導致失事的可能性[19]。

此一熱氣球的駕駛員是Ballooning New Zealand Limited公司負責人，例行和非例行維修工作都由其負責。他會在採取任何維修行動之前，通知熱氣球所有人Early Morning Balloons Limited公司。航空器駕駛員的體檢效期到2011年11月25日，這代表失事當天，他的體檢已經逾期。

---

[18] 大麻（cannabis）是幾種不同配方的通稱。其中marijuana來自於乾燥的花和葉子；hashish來自於乾燥的大麻樹脂和壓扁的葉子。

大麻是否屬於毒品，各國看法不同。以美國在2018年通過的《2018年農業改良法》（Agriculture Improvement Act of 2018）來看，關鍵在於THC的含量，若THC含量超過0.3%屬於毒品，而低於0.3%則是工業大麻（hemp）。至於台灣，大麻在《毒品危害防制條例》第2條第二項第2款被列為二級毒品。儘管有人在公共政策網路參與平臺上建議法務部放寬對於大麻的管制（https://join.gov.tw/idea/detail/3a4aaa10-5db1-4c9a-9291-b8b7226f8b4a），但法務部主張一旦放寬管制，「社會大眾會認為政府放任施用大麻，大麻濫用情形將會更加嚴重，進而衍生其他犯罪問題。故自犯罪防制而言，不宜更改大麻之毒品級別及放寬四氫大麻酚（THC）含量的容許值」，故此項建議案不予採納。

此外，大麻所含大麻二酚（cannabidiol，簡稱CBD）有緩解肌肉疼痛、焦慮、關節炎、癲癇症的醫療用途。衛福部表示：「僅以大麻二酚（CBD）為成分者，不屬於管制藥品……目前國內未核准任何含大麻二酚（CBD）成分之藥品」（join.gov.tw/idea/detail/de148826-800a-4db2-bd7a-9d81419bd8e8）。

[19] 原文為the pilot's use of cannabis could not be excluded as a factor contributing to his errors of judgement, and therefore to the accident.既然由熱氣球ZK-XXF的失事案例可知，不能排除航空器駕駛員受大麻影響而做出錯誤判斷導致失事的可能性，故在民航產業從事各種工作的人，在本國絕對不施用大麻。即使有機會前往大麻管制較鬆的國家，強烈建議也別輕易嘗試施用大麻。

除了航空器駕駛員的問題，TAIC亦發現熱氣球維修者並未遵循紐西蘭的民航法規（Civil Aviation Rules）。維修者說他使用《飛行及維修手冊》（*Flight and Maintenance Manual*）來維護ZK-XXF，但自從第7版開始，《飛行及維修手冊》已分成兩本，分別是《飛行手冊》（*Flight Manual*）和《維修手冊》（*Maintenance Manual*），而最新版的維修手冊是第10版。在維修紀錄本上，吊籃和燃燒器（burner）的記載有誤，且找不到4份適航指令（Airworthiness Directives，簡稱AD）的完工記錄。2008年，有4個瓦斯桶經過當地的瓦斯公司測試，但並未由合格的航空器維修工程師記載於航空器經歷本（aircraft logbook）上。

總之，由於熱氣球ZK-XXF的駕駛員未能安全避開著陸區附近的供電纜線，導致高壓電弧引發火災，更在一罐LPG桶破損、漏出瓦斯後，造成火勢一發不可收拾。航空器駕駛員可能因為吸食大麻的緣故，在此一緊急情況下做出錯誤判斷，應降低熱氣球高度卻未正確處理，使得跳出吊籃逃生的乘客因高度過高而摔死，隨後熱氣球也由於球體著火燒毀而墜落地面，釀成這場不幸的悲劇。至於維修方面，即使不是此一失事的主要肇因，但熱氣球維修者未遵循紐西蘭的民航法規來確保熱氣球ZK-XXF的適航，也是在失事調查過程中發現的飛安缺失。

 ## 第五節　本章小結

本章回顧了五件直接與維修失誤有關的航空器失事事件，包含：水平安定面的螺釘未裝妥、飛操系統的電氣插頭接錯、新舊型式不同的管路同時裝上發動機、不堪使用的自鎖螺帽卻繼續裝在重要的飛操系統上、燃油系統漏水作業不當，看起來都是很離譜的情況，卻是典

型的實際案例。另外還有一件熱氣球失事事件，雖然與維修失誤無直接關連，但也曝露出維修者不僅未按照最新版手冊，且在航空器經歷本上記載有誤的缺失。

這些失誤在維修工作雖不常見，然而一旦出現，就很容易造成嚴重後果。由此可見民航維修的重要性，絕對不亞於航空器駕駛員的飛航操作、簽派員的載重平衡計算，以及飛航管制員對空中交通的指揮。

各位讀者在未來若是投入民航維修職場，應當由前述的這些航空器失事事件，學到寶貴的教訓。一則瞭解自己扮演的角色是多麼地重要，二則時時警惕自己要切實遵守民航法規和維修文件的要求，採取正確的維修動作，這才是成為稱職航空器維修工程師的不二法門。

本章摘要 --

＊民航維修的失誤是飛安事故的發生原因之一。

＊被列為「必須檢驗項目」（RII）的維修工作對飛安影響很大，
　應非常謹慎。

＊交接班容易發生維修失誤，無論是交班或接班，務必完全掌握
　現況。

＊製造商有責任做好防呆設計，但維修人員也要注意連接插頭識
　別不夠明確所帶來的風險。

＊即使飛機或發動機的型號相同，也可能因為有無完成技術通報
　而造成微小的差異，所以發現pre-SB和post-SB的差異時，要更
　加小心地確認是否安裝正確零件。

＊許多基本的維修動作都可在標準實作手冊（SPM）或飛機維修
　手冊的第20章找到正確的程序，務必遵守不得輕忽。

＊疲勞是人為因素學非常強調的風險因子，覺得自己疲倦或看到
　同事很累，最好立即反映給主管知道，適時調整工作，以免因
　小失大。

＊燃油含水量過高是極不安全的潛在危害，因此要確實做好燃油
　系統排水的工作。

＊不只要按照維修手冊來修任何航空器，更要確認使用的是最新
　版手冊。

問題思考

➢如何正確地執行RII？

➢航空器失事的定義是什麼？本章第二節第三項，註冊編號
C-GITS的A330客機執行TSC236航班發生了事故，但機上293名
乘客和13名組員都順利存活，是否屬於航空器失事？

➢在什麼維修文件可以找到拆裝保險絲（lockwire removal/
installation）的標準實作程序？

➢熱氣球是否屬於航空器（aircraft）？為什麼？依據《民用航空
法》，航空器的定義又是什麼？

➢練習閱讀民國91年5月25日中華航空CI611班機的失事調查報告
（網址https://www.ttsb.gov.tw/1243/16869/18664/），請問有何感
想？

➢練習閱讀2003年1月8日Air Midwest公司5481班機的失事調查
報告（網址https://www.ntsb.gov/investigations/AccidentReports/
Reports/AAR0401.pdf），請問有何感想？

Chapter 2

人為因素學於民航維修之應用

　　本章將介紹人為因素學，先從骯髒的12件事（Dirty Dozen）——維修工作常見的12件失誤——為例，引發各位讀者的興趣。

　　由於人為因素學包羅萬象，無論是人因工程學（Egrgonomics）、航空醫學、心理學、人類行為學，或是工業工程、電腦科技，通通都與人為因素學有關。對於初學者來說，很難一下子瞭解那麼多不熟悉領域的知識。因此，本書由人為因素學最基本的常識——人為能力（human performance）和人為失誤（human error）——入門，讓各位讀者在未來有機會深入自習或研究人為因素學時，較容易上手。

　　接著聚焦到民航維修，進一步探討維修資源管理（maintenance resource management，簡稱MRM）和PEAR模式。目的是讓讀者瞭解人為因素學對民航維修的影響。

　　最後以國際民航組織（International Civil Aviation Organization，簡稱ICAO）的文件，來說明一下在人為因素學採取不同做法所帶來的成本分析。

 第一節　概　述

　　開始本章的說明之前，先提出一個問題：什麼叫做人為因素學（human factor）呢？儘管有許多不同的說法，但筆者認為國際民航組織（ICAO）在第9824號文件的解釋：「對於人類和人類、人類和機器交互作用的科學研究」[1]最為淺顯易懂。

　　筆者和國內許多民航維修人員一樣，過去是在仿照美國Part 65的環境中取得地面機械員檢定證，因此受到FAA的影響很大。目前絕大

---

[1]原文為the scientific study of the interaction between people, machines and each other，引用自ICAO於2003年出版的第9824號文件 "Human Factors Guidelines for Aircraft Maintenance Manual" 第1版。

部分的航空器維修工程師，也是直接由地面機械員轉換過來，真正接受完整Part-66學科及術科檢定的人非常少。儘管由地面機械員轉換到航空器維修工程師，已經接受過人為因素學的訓練和考試，許多人也都上過類似MRM之類有關民航維修的人為因素學課程，但仍有一些人骨子裡其實還是不把人為因素學當成一回事，飛安文化仍然以揪出兇手、懲罰過錯和絕對服從為主軸。

然而，人為因素學最基本的假設就是：只要是人就會犯錯（To err is human.），這暗示著：不犯錯的是神而不是人。各位親愛的讀者，你[2]是人還是神呢？

 ## 第二節　骯髒的12件事[3]

"Dirty Dozen"是一本由美國作家E. M. Nathanson在1965年所寫的與第二次世界大戰有關的小說，後來在1967年拍成電影，中文片名為「決死突擊隊」。但在民航界所講的Dirty Dozen，其實與戰爭無關，純粹只是借用這個名稱，來描述民航維修工作在人為因素學上常見的12項失誤。

Gordon DuPont在1997年提出這骯髒的12件事如下所列[4]：

---

[2]在民航界待久了，很容易養成一個用英文觀點來思考的習慣。在英文當中，you並不區分性別，也不區分單數或複數。因此，在本書中看到「你」這個字，可能是男性的你、女性的妳、複數的你們或妳們。只有在提及第三人稱時，才會以他來代表男性的he、以她來代表女性的she、以它來代表難以區分性別的it（例如嬰兒），而they則代表男女他們或難以區分性別的它們。

[3]本節各項參考文件：FAA於2018年出版的FAA-H-8083-30A手冊Aviation Maintenance Technician Handbook – General第14章。網址：https://www.faa.gov/regulations_policies/handbooks_manuals/aircraft/media/amt_general_handbook.pdf。

[4]原中文譯名及說明參考成大航太所王大中等人所著之國科會研究計畫成果報告《飛機維修人員疲勞因素分析與最佳化班表研究》第3頁，下載網址www.etop.org.tw/index.php?c=adm11252&m=getReportFile&d=adm&i=178510。

1. 溝通不良（lack of communication）：無法明確地直接陳述，且缺乏良好的積極傾聽技巧。

2. 自滿大意（complacency）：自我滿足，以及喪失對危險的警覺。

3. 知識不足（lack of knowledge）：缺乏對現有工作的經驗與訓練。

4. 分心（distraction）：轉移注意力，或有精神與感情上的困擾及不安。

5. 缺乏團隊合作（lack of teamwork）：缺乏達成共同目標而應有的協同合作。

6. 疲勞（fatigue）：勞動或工作所造成之疲倦，神經質的耗弱，暫時喪失反應能力。

7. 資源不足（lack of resources）：未能使用或取得現有工作所需的適切工具、裝備、資訊及程序。

8. 外在壓力（pressure）：在無勝算的情況下急欲達成某事，致產生急迫感。

9. 缺乏主見（lack of assertiveness）：對自己的主張、思想及需求缺乏正面溝通。

10. 內在壓力（stress）：精神上、感情上或生理上的壓力、緊張或苦惱。

11. 警覺心不足（lack of awareness）：在觀察時未能保持機警或警惕心。

12. 習以為常（norms）：未使用手冊做例行工作而被接受的一般做法。

後續將逐一說明這12件常見失誤，各位讀者亦可配合本節參考文件一併學習。

一、溝通不良

　　民航產業的日常運作有許多時候需要溝通，簽派員需要告知航空器駕駛員有關天氣的情況；飛航管制員需要告知航空器駕駛員有關流量管制的情況；航空器駕駛員也會和簽派員討論因應惡劣天候或流量管制需要額外增加多少油量；航空器駕駛員也會告知維修人員有關飛機故障的情況；航空器維修工程師也可能和航空器駕駛員討論《最低裝備需求手冊》[5]的規定，讓機長同意飛機帶著故障執行航班任務。

　　維修人員與維修人員之間，溝通的機會更多，發動機試車時，在駕駛艙內操作油門桿的航空器維修工程師，需要維修人員協助查看發動機前後是否淨空？發動機是否漏油？一旦有人或車輛誤闖發動機後方噴射尾流區域，應立即驅趕闖入者遠離，並告知航空器維修工程師立即收油門。一旦漏油並著火，在發動機附近的維修人員應告知航空器維修工程師立即關車，若火勢未因關車而熄滅，趕快用滅火器撲滅

---

[5] 《最低裝備需求手冊》是Minimum Equipment List的中譯，簡稱MEL。依《航空器飛航作業管理規則》第2條第36款，MEL是「指航空器使用人依主最低裝備需求手冊及其他特殊情況所訂定之手冊，此手冊之規定不得低於《主最低裝備需求手冊》之規定，並經民航局核准後使用。」其中《主最低裝備需求手冊》是Master Minimum Equipment List的中譯，簡稱MMEL。依《航空器飛航作業管理規則》第2條第35款，MMEL是「指航空器設計國民航主管機關針對該航空器核定之裝備中，如單項或多項裝備無法運用時，按特定之操作情況、限制及程序得以飛航之手冊。」

簡單地說，民航機在設計時會考量故障的後果，因此由設計者寫出一本MMEL送民航主管機關審核，讓航空公司知道什麼故障可以讓民航機在低風險的情況下飛出去。航空公司再依據MMEL編寫適用公司機隊的MEL，陳報民航局核准後，讓維修人員和航空器駕駛員在決定是否要讓民航機帶著故障飛出去時，有白字黑紙的依據。只要航空器維修工程師按照MEL簽放飛機，並且機長同意帶著故障飛的風險低到可接受的程度，民航機可以在某些故障未修妥的情況下飛出去。但若機長不願意承受這樣的風險，仍然有權力要求維修人員必須把故障修好才飛。

Maintainers must communicate with one another and explain what work has and has not been completed when changing shifts.

圖2-1　良好溝通有助減少誤解

圖片來源：FAA-H-8083-30A。

發動機火災。這些動作都需要良好的溝通。

　　然而，正如第一章第二節第一項所介紹的飛航事故，一份維修工作可能由不只一名維修人員執行，當前一班人員交接未完成的工作給後一班人員時，對於工作交接若是溝通不良，就很容易讓下班的人以為接班的人知道什麼工作沒做完，但實際上接班的人根本不知道有部分工作沒做完。因此，不同維修人員對於工作交接，應有良好的溝通，確定雙方都清楚瞭解，才能避免維修失誤的發生。

二、自滿大意

　　民航機需要大量的例行維修工作，以停機線的維修人員為例，每天一早要做飛行前檢查（pre-flight check），每次降落停在機坪要做

360度過境檢查（transit check），每晚收班要做過夜檢查（overnight check）。這些例行維修工作，可能由於檢查者已經做過幾十次、幾百次，因此不由自主地錯過或忽略某些從來沒發現問題的地方。比方說，機背上的天線，幾年來在停機線做360度過境檢查時，未曾發現過任何損傷情況，於是在某個下雨天，維修人員不想大角度抬頭被雨水淋濕臉，也懶得走到離機身遠一點的地方以較小的角度查看，就不自覺地漏掉檢查機背上的天線。運氣好，天線都沒事，飛機也沒事。運氣不好，天線在落地前被閃電打到而裂開，等飛機飛上天，在強大氣流作用下被完全扯斷，造成航電系統失去作用，又成了一個活生生的維修失誤案例。

回顧第一章第三節第一項，這件飛安事故是由於安裝不堪使用的自鎖螺帽所造成的。當事者已經做了6次前後方向伺服機構的安裝工作，他可能覺得自己對這項工作相當熟練，也可能從他開始修民航機以來，就沒發生過自鎖螺帽不堪使用的情形。因此，他並未確認自鎖螺帽的可用性，就直接把原來舊的自鎖螺帽裝回去，這便是自滿導致的大意行為。

民航維修人員經常被要求高度的專業能力，航空器維修工程師的檢定證比乙級飛機修護技術士的證書難考得多，所以往往讓取得航空器維修工程師檢定證的維修人員不禁驕傲起來，過度膨脹自己的能力，極度相信本身的專業，以為自己很行，於是做出「看都不用看、一定是這樣」的假設。一旦假設情況與現實狀態有很大差距時，錯誤的假設就成了危害飛安的人為失誤。

維修人員在實際工作當中，建立並保持高度的專業能力，固然是一件很重要的事，但千萬不要因此感到自滿。一旦假設某些工作步驟可以忽略不做，卻又未小心求證，這樣的態度就很不適宜。

People tend to become overconfident after becoming proficient in a certain task, which can mask the awareness of dangers.

圖2-2　熟練但不自滿才是正確的工作態度

圖片來源：FAA-H-8083-30A。

三、知識不足

民航產業的科技進展，說快不快，說慢也不慢。筆者還記得三十年前大學畢業時，複合材料只有非常少部分運用在民航機上，如今A350和B787已經大量採用複合材料。因此，無論是在航空公司、修理廠，或在航空人員訓練機構，傳統的白鐵（sheet metal）技術已經不夠應付結構修理的需求，還得要加強複合材料修補技術的訓練，才能跟得上民航科技發展的腳步。

類似的情況也出現在人為因素學。以往國內採用的地面機械員檢定制度，主要是參考美國FAR Part 65而來，因此，人為因素學並非學科檢定或術科檢定的項目，地面機械員普遍對人為因素學的知識不足。然而，近來已仿照歐盟Part-66建立航空器維修工程師檢定制度，

於是，人為因素學成為必考項目之一。為了彌補維修檢定證由舊制轉換成新制的差距，故航空公司為地面機械員安排人為因素學的各種訓練，避免因知識不足而造成維修失誤。

知識不足的情況不只存在於科技方面，也存在於法律方面。民航法規向來是法律學者研究的冷門領域，國內始終缺乏適當的民航法規書籍，來讓完全不懂法律的人，能夠順利進入民航法規的世界、瞭解法學在民航界是多麼地重要。即使已經在民航產業工作幾十年的人，也可能只對民航法規的某些子法較為熟悉，卻對民航法規的母法十分陌生，因而不瞭解子法違反母法是無效的[6]。

正如第一章第二節第一項所介紹的飛航事故，明明FAR §135.427指出可能危害航空器安全操作的故障、失效或瑕疵都應列為RII，但該航空公司的主管和品管檢驗員卻說水平安定面前緣除冰靴的拆裝並不

---

[6]依據《中央法規標準法》，法規分成法律和命令兩種。因為命令是基於法定職權或法律授權而訂定，故習慣上把法律稱為母法、命令稱為子法。例如《民用航空法》是母法，《航空產品與其各項裝備及零組件適航維修管理規則》是依據《民用航空法》第9條之1第二項訂定的子法；《運輸事故調查法》是母法，《民用航空器及公務航空器重大飛航事故調查作業處理規則》是依據《運輸事故調查法》第38條訂定的子法。

由《中央法規標準法》第11條「法律不得牴觸憲法，命令不得牴觸《憲法》或法律，下級機關訂定之命令不得牴觸上級機關之命令」可知，最高層級是憲法，高於全部法律和命令，而命令的層級低於《憲法》和全部法律。在民航界，最典型的例子就是大法官釋字第313號文，宣告當時的《民用航空運輸業管理規則》第29條第一項違反《憲法》第23條以法律限制人民權利的意旨，故自解釋公布日起最晚到屆滿一年時，失其效力。

再把眼光由國內法擴大到國際法。在航空公法領域，又稱《1944年芝加哥公約》的《國際民用航空公約》（Convention on International Civil Aviation）是母法，授權由ICAO訂定的18項附約（Annex）則是子法。

至於製造業常用的規範，若未經過立法程序成為法律或命令的一部分，並不能稱之為法規，充其量只能稱之為行規，例如航電系統常用的ARINC 429規範（請參考https://www.mil-1553.com/standard-and-benefits-arinc-429當中的一句話Even though this is a global standard for commercial aircraft, it is not mandatory）。維修人員常用的ATA規範，也是行規而不是法規。

In a world of ever-changing technology, maintainers must remain up to date on current equipment and how to fix it.

圖2-3　活到老學到老才能提升維修專業的程度

圖片來源：FAA-H-8083-30A。

屬於RII，顯然是對民航法規的知識不足。

　　所以，在進行維修工作時，若遇到不懂、不明白的地方，一定要問別人，無論是現場的資深前輩、坐辦公室的工程師，或是駐站的原廠技術代表。寧可延遲工作進度把不懂的地方弄清楚，也不要硬著頭皮自己瞎猜。

四、分心

　　所謂分心，簡單地說，就是失去注意力。引發分心的情況，可以從生理和心理兩方面來看。比方說，工作時突然肚子痛而去上廁所，天空突然下雨而必須從機邊走到車上拿雨衣來穿，這都是生理造成分心的例子。至於心理上失去注意力的情況，則像是家人撥打手機電話但

你未接通就斷線，有個長得很帥氣的男性或很漂亮的女性走過面前，都會讓維修人員的心思從航空器移開，而失去對眼前工作的注意力。

FAA估計與維修有關的人為失誤有15%是由於分心所造成，由此可知避免分心就能避免相當多的人為失誤發生。

此外，FAA也建議當維修工作中斷，開始恢復施工時，要倒回三個步驟重新做過，才不會跳過任何步驟。這代表維修人員必須按照工卡或維修手冊一步一步地依序工作，才知道做到哪個步驟，才知道要倒回到哪個步驟重來。如果不照程序來做，一旦分心之後，就不知道哪些步驟做過，更不知道要倒回到哪個步驟再度開始。這也就是為什麼要不斷強調按照工卡或維修手冊一步一步地依序工作的原因，這樣才能避免分心造成的人為失誤。

A distraction could be anything that takes your mind off the task that is being done. Any distraction while working can cause us to think we are further ahead in the process than we actually are.

圖2-4　工作時分心會容易犯錯

圖片來源：FAA-H-8083-30A。

五、缺乏團隊合作

以筆者的個人經驗來看，民航維修是一個非常非常不強調英雄主義的行業。航空器維修工程師不像航空器駕駛員，會特別強調像是薩利機長（Chesley Burnett Sullenberger）這種憑著個人飛航技術拯救全機155條人命的奇蹟。一件維修工作的完成，往往靠的不只是一個維修人員的努力，尤其是越大型的航空器，換個輪胎要由兩三個人來合力達成。較為複雜的工作，像是飛機稱重、更換發動機，需要的人數更多，甚至要交接給下一班的人來完成。因此，維修任務順利完工，是團隊合作的結果，不是任何單獨一人的付出而已，這也是我們強調團隊合作勝於英雄主義的行業特性。

一個維修團隊包含在第一線直接動手的人，以及在後方支援的人。維修時所用的工卡，是工程單位和修管單位[7]共同準備的。對於工卡有疑問，要與工程或修管單位的人溝通協調，也許是工卡所附線路圖（wiring diagram）與實際情況不符，也許是pre-SB和post-SB的差異（參見第一章第二節第三項），也許是人力工時估計太少，根本無法在天亮前把工作做完，急於完工的時間壓力容易造成維修失誤。這

---

[7]英文production planning and control，簡稱PPC，直接翻譯為生產管理。但因為民航維修其實並未生產出產品，絕大部分是修理、檢查、更換既有的航空產品，以維持其適航（airworthiness），所以一般稱為修管，也就是維修管理的意思。

PPC是介於工程單位和現場施工單位中間的橋樑。工程單位會制定維護計畫，決定哪些工作項目在A check執行、哪些工作項目在C check執行、哪些工作項目在發動機送到工廠進行shop visit時執行，PPC則依據民航局核准的維護計畫來管制這些工作的執行時間，以免逾期而不適航。

PPC也會依照預估人力工時（men-hours）和維修空間的大小，安排適當的人數（man power），在預訂的時間之前完成工作。例如預估人力工時是6個人工小時，表面上若有6個人就可在1小時內做完，但因維修空間較小（例如駕駛艙），無法同時擠6個人而只能容納2個人，那麼就需要3小時才能完工。

Personality differences in the workplace must be left at the door. Organizations should emphasize that a lack of teamwork can ultimately affect the safety of maintenance work.

圖2-5　維修工作不強調英雄主義,而著重團隊精神

圖片來源:FAA-H-8083-30A。

些問題,都需要整個維修團隊一起溝通協調,而不是誰說了算。做決定的那一個人,負擔不起航空器失事的責任,整個維修團隊要達成共識、共同承擔維修工作的後果。

　　團隊不是只有維修人員而已,航空器駕駛員也是團隊的一分子。當航空器駕駛員在飛航日記簿(flight logbook)寫下缺點,但字跡太潦草令人看不懂時,要問清楚故障情況而非自己瞎猜。有時無法在地面確認故障已經修好,需要航空器駕駛員協助在空中確認,那麼和航空器駕駛員的良好溝通也是發揮團隊合作精神的必要條件。

　　正如同第一項所提到的溝通不良,一旦缺乏團隊合作的精神,只想一個人做事而不想與別人互動,就很難跟他們有良好的溝通。下班了,要把做過的步驟和還沒做完的步驟清楚交接給上工的人,而不是只有一句話:「你自己看。」上班時,要問清楚前一班的人做了哪些

事、還有哪些事沒做，而不是默默地開始幹活。

六、疲勞

　　許多維修工作都需要同時用到體力和腦力，拆裝大型飛機的輪胎需要體力，在烈日當空的高溫環境工作很耗費體力，想盡辦法進行故障排除（fault isolation）需要腦力，看懂複雜線路圖也很耗費腦力。體力和腦力的大量使用，都會讓維修人員感到疲憊不堪。

　　輪班工作造成生理時鐘（circadian rhythm）頻繁地調整，也是使人疲勞的原因之一。雖然每個人的生理時鐘可能不見得一樣，但大致上是24小時左右。習慣晚起的人突然要提早起床，可能會有睡眠不足、精神不濟的情況，造成生理上無法集中注意力而容易犯錯。習慣早睡的人突然要加班工作到很晚，可能在工作收尾時已經快要睡著了，於是忘記檢查蓋板是否關妥、工具是否收好，造成維修工作留下後遺症。因此，規律的充足睡眠（get enough sleep on a regular basis）是消除疲勞的最好解藥。另一個應對之道則是請同事協助確認自己所做的工作有沒有問題，這就是發揮團隊合作的時機。

　　疲勞可能讓人猶豫難以下決定、拉長反應時間、雙腳無法站穩、看不清楚工卡的文字、不記得交接班的重點。於是判斷錯誤、來不及反應、走路時跌倒、無法正確使用搖弓、誤解工卡的意思、忘記前一班的人做了什麼，這些疲勞帶來的後遺症，輕則使個人受傷、航空產品[8]局部受損，重則犯下大錯引發事故。因此，不只是飛航組員（flight crew）的疲勞，維修人員的疲勞也常常是飛航安全的一大隱憂。

　　有些人為了在生理上削弱睏的感覺，常會藉由提神物品來保持清

---

[8] 依《民用航空法》第2條第22款定義，所謂「航空產品」（aviation product）是「指航空器、航空器發動機及螺旋槳」。

Occupations that require an individual to work long hours or stay up overnight can lead to fatigue. Fatigue can cause a decreased attentiveness and a decreased level of consciousness, which can be very dangerous when conducting maintenance.

圖2-6　長時間工作帶來的疲勞往往造成極大的飛航危害

圖片來源：FAA-H-8083-30A。

醒，例如咖啡或由偽麻黃鹼（pseudoephedrine）製成的興奮劑。但含有咖啡因（caffeine）成份的飲食，一旦過量就可能造成中樞神經系統過於亢奮，而在工作結束後睡不著覺，反而影響隔天上班時的精神。若隔天又為了提神而繼續喝咖啡，當晚又再次失眠，形成睡眠失調（sleep disorder）。接連幾天工作都沒休假的惡性循環結果，就是疲勞持續累積，身體始終無法得到充分的休息。

心理上的因素也會造成疲勞的現象。當一個人心情沮喪時，做什麼事都提不起勁、反應變慢、無法集中注意力、左耳進右耳出，就如同前述生理疲勞的情況一樣。與歐美人士相比，國人不習慣尋求心理醫師的協助。然而，民航維修是攸關人命的重要工作，當心理狀態實在很差、需要到身心科求診時，請千萬別裹足不前。

七、資源不足

進行維修工作需要用到許多資源，比方說，適當的手工具或地面支援裝備（ground support equipment，簡稱GSE）、可用的零件（serviceable parts）、足夠的人力（人數和能力）、技術文件（例如判斷飛機可否放飛的MEL）、合適的場地設備（例如稱重所需的室內空間或是外頭的試車坪）。有些資源是絕對必需的，像是技術文件。民航維修的習慣是按照最新版手冊或核准文件來做事，不能在沒有技術文件的情況下，單憑經驗和直覺來做維修工作。有些資源是可以變通的，例如人數不足可以視情況調整成一天做左翼、一天做右翼，雖會拉長維修時間，卻能夠降低因疲勞造成維修失誤的機率。

有個常用的縮寫字AOG，全名是aircraft on ground，字面上是說飛機或直昇機擺在地上不能飛，更明確的意思是指缺乏零件或GSE來改正故障，故無法達成適航，此時航空器就處於不可用（out of service，簡稱OTS）的狀態。在資源充足的情況下，有零件有GSE，不會發生AOG。所以，一旦資源不足時，就會面臨AOG的後果。有些AOG情況是完全無法事先預防的，像是雷擊把天線打壞，但庫房裡沒有天線的備份件（spare parts），這類非例行維修（non-routine）工作會用到的零件，就需要採購單位的人協助詢問友航、原廠或供應商：有無備份件可以租借或出售。有些情況則是可以事先掌握以避免AOG，例如下個月要做C check，過去經驗顯示會用到某些防水封膠，PPC就可事先調查庫房現有的這些封膠是否快要到期而無法在下個月使用，因為化學品是有期限的，超過有效期的化學品不應該被用於民航維修工作。

某些民航業者在時間壓力下，會強迫維修人員設法變通把AOG問題處理好，可能是從另一架飛機拆下可用件裝上遭遇AOG的飛機，可能是自行製作簡易的GSE把飛機撐起來，可能是讓還在受訓的學員

倉促到現場幫忙。只要這些變通的做法不違反民航法規，不會有更多的人為因素影響航空器的適航，都是可以列入考慮。但請記得要用安全管理系統（safety management system，簡稱SMS）的方法來評估危害（hazard）和發生機率（possibility），如果SMS評估得到的風險太高，就不要勉強用變通方法來克服AOG。

最糟的情況是飛機在外站AOG，不只缺零件、缺裝備，還缺人、缺場地。當然可以設法把人員、零件和GSE運送到外站把飛機修好，但場地是否適合，就可能無能為力解決，而不得不遷就現有的場地，例如露天更換發動機，維修人員必須忍受烈日當空的酷熱，或是下雨穿雨衣但裡面的衣服濕透了。這時候在解決資源不足的問題後，還要進一步考慮維修人員身心疲勞的後果。

即使資源的量是足夠的，也要留意質能否達到標準。例如有扭

When there is a lack of resources available to properly fix something, a decision should be made to cease maintenance until the proper parts are available.

圖2-7　當資源不足以完成維修工作就不要勉強繼續

圖片來源：FAA-H-8083-30A。

力扳手，但扭力扳手是否已被正確校驗；有足夠人數和能力，但是否已由品保單位授權執行此工作；有技術文件，但版期是否為最新、內容是否與實際情況相符。如果做到一半發現最新版的技術文件與實際情況不一致，也應視為資源不足，千萬別勉強自己繼續工作。一定要與工程部門、原廠駐站技術代表確認兩者差異，並取得暫時修訂版（temporary revision）附在工卡或技術文件後面，才能繼續執行未完成的工作。

八、外在壓力

對維修人員來說，時間壓力是一種很常見的外在壓力。若你在停機線工作，當飛機後推時卻發生拖桿斷裂並碰撞前起落架的意外，而必須停在滑行道上。當你拔腿飛奔到機鼻蹲下查看前起落架狀況，並立刻以無線電對講機通知領班，請他或她回報MCC[9]之後，機坪協調員（ramp coordinator，簡稱RC）也趕來現場問你：需要多少時間才可讓飛機移動？以便決定是否要讓乘客在機上等待，或安排梯車和接駁巴士讓乘客在滑行道下機回到航站大廈等待。航空站航務組（或機場公司航務處）的黃色飛安巡查車開過來，一個穿著反光背心、拿著對講機的人跑來身邊問你發生什麼事，以便回報長官，這個班機是什麼原因而無法準時離站，免得媒體記者打電話詢問航空站或民航局時，長官啞口無言不知該如何回答。還要知道相關訊息準備通報運輸安全委員會（簡稱運安會），決定是否進行事故調查。你一定覺得四周圍都是各方關心飛機故障的壓力。

你花了一段時間，終於把前起落架損傷的照片拍好，並傳給MCC

---

[9]MCC全名是maintenance control center，直譯為修護管制中心，簡單地來說，就是協助各停機線維修工作和監控飛機動態的資訊彙集中心。

和航空站航務組。就在等待MCC決定損傷情況嚴重性，運安會判斷是否屬於重大飛安事故的時候，RC又來問你還要多久才能讓飛機回到停機坪，以便決定要不要讓轉機客人先下機，交由其他航空公司載運，因為有機場宵禁的時間限制。時間壓力越來越沉重了。

後來，MCC通知原廠評估前起落架損傷不嚴重，可以在發動機關車的狀態下拖行，而運安會也決定不調查此一事故，由民航局調查就好。於是組員和乘客通通由梯車下機，搭上接駁車回到航站大廈，以另一架飛機執行這個航班。被拖桿撞到前起落架的飛機，則拖到維修機坪停放，等待後續安排的維修工作。這時你才終於有一種如釋重負的感覺。

FAA建議若你感到維修工作的時間限制無法辦到或危及飛安的話（unrealistic or compromises safety），應立即反映給管理階層並公開討

Pressure to get things repaired is always present in aviation. Maintainers must not let the pressures of time constraints get in the way with safely finishing a repair.

圖2-8　外在壓力是傷害飛安的一大殺手

圖片來源：FAA-H-8083-30A。

論可行的應對方案。當然，有人認為國籍航空公司或修理廠是不可能接受這種吐實的心聲。在我們的職場文化中，往往只有三件事情最優先：「服從、服從、再服從」，對比於歐美等先進航空大國的職場文化：「反映問題、一起討論、建立共識」，本國民航維修界在人為因素學這方面，確實還有很大的改善空間。

九、缺乏主見

主見是指以正面、有建設性的方式來表達自身感受、意見、職責（brief）和需求，而不使用侵犯性（aggressive）的字眼。當我們發現可能對飛安構成潛在威脅的人事物，可以事不關己地選擇視而不見，也可以鼓起勇氣選擇提醒並謀求改善。你會如何選擇呢？

若你決定勇於表達主見，FAA建議維修人員考慮下列做法：

1. 直接向主管和督導反映問題，例如「報告主任，我不大明白為何要這麼急著把工作做完，很擔心會忙中有錯。」這樣的問題，就是先前講過的外在壓力。

2. 說明可能會發生什麼後果，例如「因為公司的扭力扳手只剩一根，其他兩根已經過期，雖然平常大家可以輪流使用，但今天的工作有很多項目需要用到扭力扳手。可能有人不想等待，或是忘記拿扭力扳手來為螺栓上到足夠磅數，而只是用手上緊而已，螺栓很快就會鬆掉。」維修資源不足更是讓此一狀況雪上加霜。

3. 提出可行的解決方案，例如「或許我們可以去跟友航商借一兩根扭力扳手過來使用，確保大家不會站著枯等別人用完扭力扳手才能接著用。不然的話，和PPC討論能否把用到扭力扳手的工卡抽掉其中幾張，改到明天再做，這樣每個人就有時間等待

別人用完扭力扳手,才能確保大家都按規定上到足夠磅數。」
這兩項提議分別是解決遭遇維修資源不足、外在時間壓力的難
題。

4. 總是徵求回應並不排除其他可能性,例如:「主任,請問您還
有其他更好的辦法嗎?」

請記得當你向主管或督導提出問題時,先別假設他/她/他們早
就知道問題的存在,最好拿著文件(例如工卡或PPC的人力時程預劃
表),或是損壞的零件,或不適用的工具,當場證明你所言不虛,才
不會輕易被主管或督導敷衍兩句而打發掉。

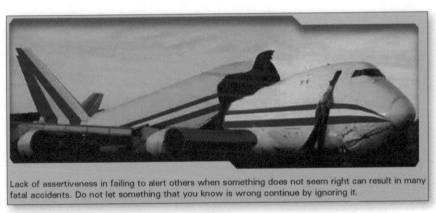

Lack of assertiveness in failing to alert others when something does not seem right can result in many fatal accidents. Do not let something that you know is wrong continue by ignoring it.

圖2-9　因缺乏主見而畏懼說出「不」將會種下惡果

圖片來源:FAA-H-8083-30A。

有一些飛安事故的調查結果顯示,若在事發之前有人敢勇於提出
事情好像有點怪怪的疑問,就很可能消弭人命財產的損失。當然,這
不僅需要溝通良好的工作氣氛,更需要維修管理者的豐富經驗和智慧
判斷。衷心期許本國的民航維修職場能逐漸建立良好的安全文化,別
把不服從的人當作聲音難聽的烏鴉,否則大家普遍缺乏主見,遇到不

對勁的事就很猶豫、不曉得講了之後會不會被秋後算帳,這件骯髒的事就繼續存在於我們面臨的工作環境當中,逐漸釀成更嚴重的危害。

十、內在壓力

簡單地說,前述的外在壓力就是別人施加在維修人員身上的時間壓力。但本項介紹的內在壓力,往往是維修人員自己給自己的壓力。

民航科技不斷進步,公司不斷購買新飛機和新裝備,於是維修人員必須不斷學習新的知識。大部分教材都是以英文編寫,大部分課程都是以英語授課,大部分考試都是以英文出題。在民航界,英文底子不夠好的人,要花很大的心力來讓自己跟上科技的腳步。對於學習動機強烈的人來說,這種不斷以英文學習的情況,或許是鞭策自己力爭上游的助力;但對學習意願薄弱的人來說,可能就是一種精神上的內在壓力。

克服內在壓力的方法是先找出壓力來源,然後以適當的休息和運動、營養均衡的飲食、不要喝酒過量、避免菸品等方式,來釋放面臨的內在壓力,以保持自己的身心健康。

FAA把內在壓力的來源區分成三類:

1. 身體上的壓力來源(physical stressor):惡劣的環境會在身體層面上,對維修人員產生內在壓力。例如夏季中午的高溫、冬季拂曉的低溫、停機坪各種車輛裝備的噪音、空氣不流通的密閉空間,都會讓維修人員的體力感到明顯的虛弱。

2. 心理上的壓力來源(psychological stressor):負面的情緒會在心理層面上,對維修人員產生內在壓力。例如家中長輩病故、財務入不敷出、與同事之間的人際關係不好,或是擔心公司受到新冠肺炎疫情影響而裁員,都會讓維修人員的心理感到明顯的

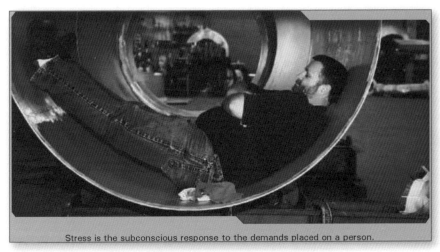

Stress is the subconscious response to the demands placed on a person.

圖2-10 維修人員應適度釋放本身的內在壓力

圖片來源：FAA-H-8083-30A。

挫折。

3.生理上的壓力來源（physiological stressor）：不良的健康狀況會
在生理層面上，對維修人員產生內在壓力。例如感冒生病、公
司提供的飯吃不飽或營養不夠、熬夜工作導致睡眠不足、輪班
造成作息錯亂，都會讓維修人員的生理感到極大的不適。

壓力會造成人為能力降低（degradation of performance）。關於人
為能力的部分，將留到下一節再來說明。

十一、警覺心不足

警覺心不足的意思，是指無法清楚地瞭解做了這件事會有什麼後
果，或者是缺乏先見之明（lack of foresight）。
某些人的記性很好，同樣的工作重複做過幾次，就把工卡的全部

步驟都記起來了，連扭力值的磅數範圍也背得一清二楚。於是久了之後，就懶得再按照工卡一步一步施工，完全用腦子裡的記憶來做事。一旦工卡的內容修改了，也許是由於某一次事故而增加了警告事項（warning），也許是因為post-SB的緣故把鋁質螺栓換成鋼質螺栓而使扭力值變大，但這名維修人員的警覺心不足，沒注意到這項新增警告所提醒的危害，或是即使看到螺栓似乎和以前不同但仍然輕忽，以致於工作時受傷，或是為螺栓上的磅數不足而很快就鬆脫。

　　所以筆者一直提醒新進的維修人員「三千萬」：千萬不要背工卡的程序、千萬不要背技術文件的數值、千萬不要背零件的件號（part number）。工卡的程序可能會修訂而與過去看到的有所差別，通常會在變更的內容旁邊加註修訂粗線，但有時因為某些文書處理電腦軟體或影印機的緣故而印不出來。最適宜的方法就是每次都當成沒做過這份工卡，一步一步照著做，尤其要謹慎地閱讀可能造成傷亡的警告和注意（caution）事項。技術文件所寫的數值，可能因某次飛安事故而有所調整，最好每次都看一下最新版技術文件的內容，確定扭力值或不同化學材料之間的混合比例，再上扭力或調劑量。零件的件號，也可能受到技術通報的影響而改變，例如第一章第二節第三項的例子。建議還是查閱IPC所列的件號，而不要直接依照拆下零件來領相同件號的可用件，因為前一次安裝時就可能用錯零件。

　　很多資深的維修人員常會要求新進維修人員把工卡背起來，以節省看工卡、查手冊的時間，這是一個暗藏極高風險的壞習慣。在以往的民航機，甚至是軍用機，科技的進步是很緩慢的，技術通報執行的機會也不多，因此今天做的程序可能與十幾年前的程序完全相同。但隨著時代的演變，維修觀念也在改變，越來越多工程師會認真地評估技術通報的必要性，也許藉由技術通報來強化可靠度以提高飛機派遣率，也許藉由換裝產品來減少飛機重量以降低發動機耗油率。所以，即使記憶力再好，你的頭腦也不會隨時更新，過度強調背誦工卡內容

和技術文件數值以及零件件號，並不是值得鼓勵的事。

維修人員的工作步調雖然很快，但還不致於像航空器駕駛員那般經常必須立刻採取行動而沒有時間查看手冊。因此，即使航空器駕駛員有所謂的「記憶項目」（memory items）[10]，但絕大多數維修工作，都有時間查看工卡或技術文件再確認後，才開始動手做事，故非常不需要「記憶項目」。這也就是FAA提出"Each time a task is completed it must be treated as if it were the first time."的緣故。

After completing the same tasks multiple times, maintainers can develop a lack of awareness for what is around them. They tend to lack common sense and vigilance because they have completed the same task so many times.

圖2-11 即使做過相同工作很多次也要保持警覺心

圖片來源：FAA-H-8083-30A。

---

[10]memory items又稱為recall或immediate action items，顧名思義就是必須立刻採取行動的項目，因此可能沒時間再把檢查表拿出來照著做，而應憑著記憶來動手。請參考www.easa.europa.eu/sites/default/files/dfu/Final_Report%20EASA.2013-01.pdf。

十二、習以爲常

Norm這個字是normal的簡略寫法，意思是指正常情況下的做法，但這種「正常」更準確的說法是「習以爲常」，代表大家習慣這麼做所形成的「正常」。未經過審查核准的做法，未被正式認可的群體潛規則，都是norm。

某些群體潛規則有其道理，但某些群體潛規則卻是沒道理。《航空器飛航作業管理規則》第8條之2第二項以及第150條第三項要求，應以不褪色墨汁來填寫日常維護工作及簽放紀錄。筆者個人解讀所謂不易褪色可以是藍色或黑色，但當年某家航空公司的品管部門卻限定非要用黑筆來寫不可，但又不載明這條公司內部潛規則。直到民航局發布民航通告AC 43-001維護簽證及記錄，明白指出藍色或黑色墨水都可用來記載維護記錄，這才打破強制用黑筆的內規。試想一下，如果維修人員在工作期間，打算在工卡上寫下扭力值或測試數據時發現只帶了藍筆而沒有黑筆，爲了依循前述非用黑筆不可的潛規則，因此離開工作現場去找黑筆，回來機邊之後又犯了前述「分心」的人爲誤失，那麼這項群體潛規則豈不是製造更大的問題嗎？

規則是對維修人員綁手綁腳的拘束，民航法規已有不少規則要求維修人員遵循。若還要墨守成規來做事，對維修人員來說，要嘛就是成爲無視群體潛規則的異類，不然就是被迫合群、讓潛規則綁得死死的。如果群體潛規則眞的對飛安有明顯助益，最好的方式就是成爲民航法規或公司的明文規定，受到大家的公開檢驗，而不是無法攤在陽光下的習以爲常。通常不透明的群體潛規則，大多沒有什麼正當理由。在前一項「警覺心不足」提到，資深維修人員要求新進維修人員背誦工卡內容，就某方面來說也算一種習以爲常。當大家都習慣把工卡內容背起來時，不背工卡的人就可能被眾人排擠、被老鳥教訓。

Norms is short for "normal," or the way things are normally done. They are unwritten rules that are followed or tolerated by most of the organization. Negative norms can detract from the established safety standard and cause an accident to occur.

圖2-12 以前做法沒問題，不保證現在依樣畫葫蘆也不會出差錯

圖片來源：FAA-H-8083-30A。

 第三節　人為能力

　　有些人把人因工程（ergonomics）和人為因素學視為相同，但本書遵循ICAO的說法，把人因工程當成人為因素學的其中一部分而已。這是因為ICAO在第9683號文件第4.2.1小節提到「在許多國家，人因工程和人為因素學可互換使用。但在此需要強調的是，它們之間存在微小的差異。人為因素學具有更廣泛的意義，包括人為能力和系統介面方面，這在人因工程主流中一般是較不予考量的」[11]。這不僅

---

[11]原文為While in many countries the terms ergonomics and Human Factors are used interchangeably, there is a small difference in emphasis. Human Factors has acquired a wider meaning, including aspects of human performance and system interfaces which are not generally considered in the mainstream of ergonomics.

明確指出人因工程和人為因素學的差異，更可看出人為能力（human performance）是人為因素學的重要內涵之一，所以ICAO在第9824號文件的前言提到「長久以來我們知道多數航空失事和意外肇因於人為能力未盡完善，這代表在這個領域的任何進展將會對航空安全的改善有重大影響」[12]。

《國際民用航空公約》第6號附約第1編針對「人為能力」予以定義：「影響到航空運作的安全和效率的人類能力和限制」[13]。這裡提到的人類能力（human capabilities）不只是人們的肌力、體力，還包含警覺性、專注力、記性、解決問題的能力、反應速度、冒險程度……等等。

因此，可以用下列6項指標來測量人為能力：準確度（正確性accuracy）、時間（time）、工作組合（task battery）、專門領域指標（domain-specific measures）、重大失誤指標（critical incident measures）、團隊能力指標（team performance measures）[14]。

人為能力具有下列特性：

1. 大部分不是與生俱來的，而是經由訓練和學習形成的。沒有人天生就會修飛機，沒有人天生就會使用游標卡尺。雖然一般人拿起螺絲刀（又稱解錐）就會上緊或鬆開螺釘，但那也是在成長過程中學來的。而且如果螺釘滑牙了，絕大多數人都不知要如何處理。

---

[12] 原文為It has long been known that the majority of aviation accidents and incidents result from less than optimum human performance, indicating that any advance in this field can be expected to have a significant impact on the improvement of aviation safety.

[13] 原文為human capabilities and limitations which have an impact on the safety and efficiency of aeronautical operations.

[14] 引用自CRC於2008年出版、由Valerie Jane Gawron所著 "Human Performance, Workload, and Situational Awareness Measures Handbook" 第2版第2章。

2.縱使訓練和學習可以強化能力，但也不可能培養出無限制的能力。懂得修一種波音機型後，可以再努力學會維修另一種空中巴士機型，然後是第三種渦輪螺旋槳機型、第四種往復式發動機機型，但並不是每個人都可以同時應付多種截然不同的機型而完全不會混淆。

3.並非一成不變的，有時候會由於健康因素出現心有餘而力不足的情況。長時間工作產生的疲勞，會讓一個人的手腳變得遲鈍、身體變得虛弱。輪班不固定而造成的生理時鐘錯亂，會讓一個人的睡眠品質受到嚴重影響，而難以在工作時集中精神。同樣一個人，在強烈陽光底下換發動機，比起在曬不到日頭的棚廠內換發動機，也會因為高溫對體力造成的流失，而需要更長時間來完成工作。

4.相似地，有時候也會受到情緒波動而有極大程度的能力變化。例如家中有親人生重病，心中掛念著病情是否惡化，可能會讓一個平常不出錯的人分心，於是發生難以想像的失誤——打保險居然反保！或者放連假的前夕，因為趕著要下班的急切心情，可能會忘了在最後收工階段做檢查，於是把工具留在飛機上！

5.更重要地，還會受到工作環境或情境氣氛的影響。有的人獨立性很強，把一架飛機交給他，一個人也能搞定；但若把他放在一個十多人的團隊裡，就顯現不出他的良好能力。有的人遇強則強，潛藏的鬥志被激發出來，因此在一件棘手的工作中表現傑出；但遇弱則弱，越是輕鬆容易的例行維修，反而做事散漫、小錯不斷。

6.團隊的人為能力不一定是各別成員人為能力的總和。很多維修工作不是單槍匹馬完成的，而是幾個人一起合力進行。當不同的人同時工作，或輪流工作，得到的效果可能更好，但也可能

更糟。第一章第二節第一項未裝妥螺釘就是輪班交接失誤造成
飛安事故的血淋淋例子。

當然，隨著人爲因素學的發展，已經由過去只看個人的能力，演
進成現今更重視人與機器交互作用的系統組合能力（combined system
performance）。但限於篇幅，本書就此打住，不再繼續深入探討系統
組合能力，這部分就留給讀者們自行閱讀其他書籍或文章。

 ## 第四節　人爲失誤[15]

ICAO在第9824號文件第3.1.8小節提到「人爲失誤可視爲人爲能力
必然存在的一環」[16]，因此對人爲能力有了基本瞭解之後，下一步就
是探討人爲失誤。在開始說明何謂人爲失誤之前，有個基本觀念必須
先建立起來：即使知道一個飛航事故有哪些人爲失誤，對於預防事故
還是毫無幫助的，因爲這只能讓我們曉得系統何處發生什麼問題，但
無法得知問題發生的根本原因。所以ICAO在第9683號文件第1.2.2小節
明確指出「事實上，現在以安全爲出發點的思考模式認爲，人爲失誤
應是事故調查和預防的起點而不是終點」[17]。

關於人爲失誤，不同的人有不同的看法，就以失誤的分類來
說，James Reason在1990年出版的 "*Human Error*" 一書中，把人
爲失誤分成行爲的（behavioral）、情境的（contextual）、觀念的

---

[15]本節參考文件：FAA於2006年出版的 "Human Factors Guide for Aviation
Maintenance and Inspection" 第2章和第7章，網址www.faa.gov/about/initiatives/
maintenance_hf/training_tools/
[16]原文爲Human error is recognized as an inevitable component of human performance.
[17]原文爲In fact, contemporary safety-thinking argues that human error should be the
starting point rather than the stop-rule in accident investigation and prevention.

（conceptual）三種。行為的失誤與表面上看到的現象有關，例如Swain和Guttman提出的omission、commission、extraneous。情境的失誤與環境特性和工作內容有關，因此發生失誤的原因不只是個人的不當行為，還包含人與人、人與工作場合的互動。觀念的失誤則由可見的行為來做理論上的推斷，例如Norman提出的slips、mistakes，以及Rasmussen和Vicente提出的skill、rule、knowledge；儘管可見的行為是相同的，但每個人的推斷可能不同，於是對於觀念失誤的看法，很容易引發爭論。

　　至於ICAO則把人為失誤分成：(1)會有立即後果的顯性失誤（active error）；(2)要在一段時間之後才會發生後果的隱性失誤（latent error）。人為因素學經常提到的起司理論（Swiss Cheese Model）就包含了這兩種人為失誤，如圖2-13所示。

　　決策者做出不可靠的決定（fallible decisions）、第一線主管的某些缺失（deficiencies），以及不安全行為的心理徵兆（psychological precursor）形成的事故前提（preconditions），都被視為隱性失誤。在營運活動（productive activities）當中所做的不安全行為，則是所謂的顯性失誤。至於不適當的最終防線，既是隱性失誤亦為顯性失誤。起司理論指出，一旦這些失誤連成一串，就難免發生事故（accident）。

　　許多人會把造成失事的原因聚焦在顯性失誤上，例如航空器駕駛員在飛航過程做出違反民航法規的不安全動作，或是航空器維修工程師把電氣插頭接反了。頂多再深入探討最終防線為何失靈、是否還要建立更多道防線來把關，然而，隱性失誤卻很少被人們重視。這可能是因為顯性失誤往往顯而易見，但隱性失誤卻需要抽絲剝繭才能發掘出來。站在人為因素學的立場，隱性失誤和顯性失誤都同樣值得用心思考。或許航空器駕駛員違法飛航造成失事，但難道這是第一次違法就出事？還是屢屢違法養成習慣，終究有夜路走多了的一天？機隊主管有沒有建立良好的CRM來讓其他組員能適時勸阻這名航空器駕駛員

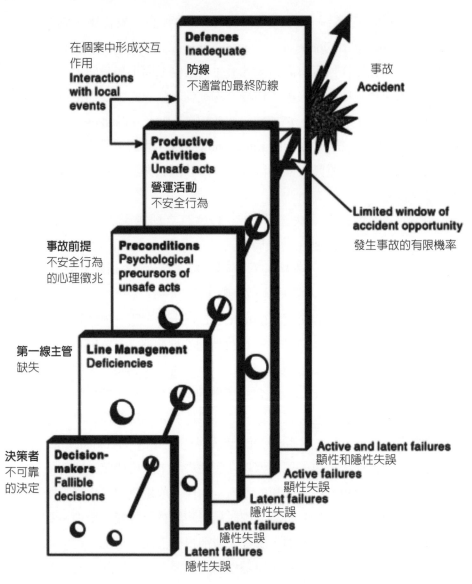

在個案中形成交互作用
Interactions with local events

Defences Inadequate
防線
不適當的最終防線

事故
Accident

Productive Activities Unsafe acts
營運活動
不安全行為

Limited window of accident opportunity
發生事故的有限機率

事故前提
不安全行為的心理徵兆

Preconditions Psychological precursors of unsafe acts

第一線主管
缺失

Line Management Deficiencies

決策者
不可靠的決定

Decision-makers Fallible decisions

Active and latent failures
顯性和隱性失誤

Active failures
顯性失誤

Latent failures
隱性失誤

Latent failures
隱性失誤

Latent failures
隱性失誤

圖2-13　顯性失誤和隱性失誤

圖片來源：ICAO第9824號文件圖3-1，修改自James Reason所著 *"Human Error"* 圖7.5。

的不安全行為？或許航空器維修工程師接錯電氣插頭而讓飛機失事，但難道每次都接錯嗎？還是在長期疲勞的情況下，形成身心狀態異常的事故前提而釀下大錯？有沒有可能是決策者訂定了錯誤的輪班制度而讓維修人員身心俱疲？

所以，起司理論的價值，不只是在直覺上用發生一連串失誤的觀點來解釋失事的發生，更由於ICAO明確地將各個層面區分成隱性失誤和顯性失誤，立下了事故調查和預防的起點，而讓我們開始思考前述的一些潛在問題。

除此之外，FAA認為不安全行為包含失誤和犯規（violation）兩大類。再將失誤細分成三種：(1)想去做但效果不如預期的決策失誤（decision error）；(2)技術失誤（skill-based error）；(3)個人感官與實際情況不同的知覺失誤（perceptual error）。至於犯規，則包含例行的（routine）和例外的（exceptional）兩種，如**圖2-14**所示。

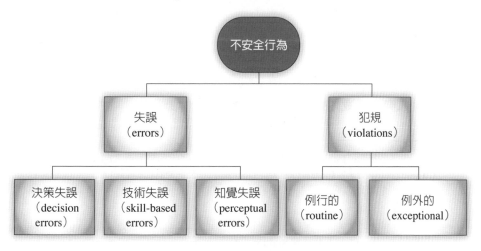

圖2-14　失誤和犯規

圖片來源：本節參考文件**圖7-7**。

Sidney Dekker在2014年指出了人為失誤的新舊兩個觀點，如**表2-1**所列[18]。

表2-1　人為失誤的新舊兩個觀點

舊觀點眼中的人為失誤	新觀點所見的人為失誤
是造成危害的原因	是更深層危害的表象
是我們要畏懼和對抗的一種行為	是我們探索事實之後所得的一種屬性和判斷
我們的目標是要控制人們的行為	行為與人們的所用工具、所做任務和操作環境有關
是要宣戰的敵人；我們要做到完美	是人們因實際工作複雜性和歧異性而失敗所學到的教訓
是單一問題，一旦每樣事物都妥當了，人們只要小心並聽話就好	複雜的程度不亞於產生人為失誤的組織
只要有充分的程序、服從、技術和監督，就能降低人為失誤	若能從日常工作的雜亂無章當中，好好地找出頭緒，我們可以做得更好
我們能夠且必須達成零失誤、零傷亡、零事故	我們能夠且必須提升人們和組織的適應力（resilience）[19]

但無論是ICAO、FAA或Sidney Dekker，都未定義什麼是人為失誤。所以本書引用Lorenzo在1990年發表的看法，把人為失誤視為「**任何的人類作為或不作為超過系統所訂定的容錯**」[20]。

---

[18] 引用自Ashgate Publishing Company於2014年出版、Sidney Dekker所著的 "*The Field Guide to Understanding 'Human Error'*" 當中表P.1（第xvi頁）。這本書還有更多列表比較舊觀點和新觀點，包含：表1.1、1.2、4.1、6.1、7.2，有興趣的讀者可自行閱讀。

[19] 在本節參考文件的第2章提到Resilience is a broader concept and refers to the ability of organizations to adapt to sudden safety or operational challenges and then adapt back to operating in a more benign environment.並以飛航管制單位面對911事件為例，當飛航管制單位遭遇沒有任何程序可以應變的突發狀況時，基於他們高度的專業能力和安全觀念，飛航管制單位能在威脅減弱時迅速恢復回到正軌。

[20] 原文為any human action or inaction that exceeds the tolerances defined by the system with which the human interacts（參考Manager's Guide to Reducing Human Error: Improving Human Performance in the Chemical Industry，引用自Kara A.

就像人為因素學的基本假設：只要是人就會犯錯；或者像孔子所說：「人非聖賢，孰能無過」。我們必須承認一件事實：維修工作可能會發生維修失誤；或者更明確地說：維修工作絕對不可能零失誤。所以不需要費盡千辛萬苦來追求完美的零失誤，而應想方設法地把維修失誤降低到可被接受的程度。Hollnagel主張設計失誤容錯系統（error tolerant system）是必要的[21]。於是，如何建立失誤容錯（error tolerance）便成了探討民航維修人為失誤最重要的觀念。

　　失誤容錯是指「組織可以在發生人為失誤時繼續安全運作的能力」或是「一個組織可以在發生人為失誤時仍然安全運作的能力」[22]。一個民航維修組織[23]應建立適當的程序，以便在人為失誤造成危害之前就已經先發現並及時解決。

　　失誤和犯規是不同的。失誤不是故意把事情做錯，在棒球比賽中，捕手把球傳給補位的游擊手要刺殺從一壘盜向二壘的跑者，卻發生傳球「失誤」，這是因為捕手並非故意把球傳偏。但犯規卻是故意去做違反規定的事，在剛剛的盜壘過程中，二壘手站在由一壘往二壘的路線上，形成了妨礙盜壘的「犯規」，這是因為二壘手故意阻擋跑者。

Latorella, Prasad V. Prabhu於2000年所著論文 "A review of human error in aviation maintenance and inspection"）

[21]原文為error tolerant system designs are necessary（參考Hollnagel, E. 1990. The design of error tolerant interfaces.，引用自Kara A. Latorella, Prasad V. Prabhu於2000年所著論文 "A review of human error in aviation maintenance and inspection"）。

[22]原文分別為the ability of an organization to continue to function safely in the presence of human errors.及the ability of an organization to safely operate in the presence of human errors.引用自本節參考文件第2章。

[23]在民航界，習慣以縮寫字MRO（Maintenance, Repair, Overhaul）來做為維修組織的統稱，而在ICAO的文件，則以AMO（Approved Maintenance Organization）來表示。

　　依據Senders和Moray的看法[24]，完全消除失誤的要求將會限制可能行為的範圍，而抑制試誤學習，並降低人的做事彈性。對於如何達成探討人為失誤的目標，他們建議採取饒恕失誤（error-forgiving）的做法來代替零失誤（error-free）。

　　由本項第二段的敘述可知，學術界對於人為失誤各有主張、沒有定論。做為一個研究者，有時候必須有自己的主張，才能寫成學術論文或書本，並藉由新的觀點來引發眾人的討論、產生學術價值，這是無可厚非的。但對於各位讀者，學者們各說各話將會是一個很大的困擾。因此，建議先看ICAO或FAA的官方文件，對人為因素學更清楚之後，有興趣進一步瞭解（例如讀碩士班做學術研究）時，再擴及到其他學術論文或書籍，或許比較不會迷失在人為因素學的浩瀚大海之中。

第五節　維修資源管理與PEAR模式[25]

　　正如同本章開頭先釐清何謂人為因素學，本節同樣先問一個問題：何謂「維修資源管理」（maintenance resource management，簡稱MRM）？不同的人、不同的組織有不同的看法。本書引用ICAO在第9824號文件所做的定義：「**在民航維修作業方面，用來改善溝通、效率和安全程度的一般程序**」[26]。

---

[24] 原文為eliminating the opportunity for error severely limits the range of possible behavior and thus inhibits trial and error learning, and reduces the flexibility of human operators.（參考Senders, J. W., Moray, N. P., 1991. Human Error: Cause, Prediction, and Reduction. Lawrence Erlbaum Associates, Hillsdale, NJ.，引用自Kara A. Latorella, Prasad V. Prabhu於2000年所著論文 "A review of human error in aviation maintenance and inspection"）。

[25] 本節參考文件：FAA於2006年出版的 "Human Factors Guide for Aviation Maintenance and Inspection"，網址www.faa.gov/about/initiatives/maintenance_hf/training_tools/。

[26] 原文為a general process for improving communication, effectiveness and safety in

所以，MRM的目標就是把維修人員訓練成以團隊（team）的方式來思考和行動，當工作夥伴的行動看起來並不安全時提出質疑，積極尋求來自他人的協助和監督（oversight）。團隊不只侷限於當場工作的同事們，也包含交接班的維修同仁，甚至是不在現場的支援夥伴（工程部門、原廠駐廠代表、附件工廠）以及維修部門高階主管。

　　MRM的演進分成4代[27]：

1. 以組員資源管理（crew resource management，簡稱CRM）為基礎，著重在溝通技巧（communication skill）和情境察覺（awareness）的訓練。
2. 直接處理溝通和理解維修失誤的訓練。
3. 個人情境察覺和準備就緒的維修訓練。
4. 以行為做基礎的整合式MRM計畫。

　　由此可知，MRM的內容包含：團隊合作（參考本章第二節第五項）、溝通技巧（參考本章第二節第一項）、情境察覺、失誤容錯的建立、安全文化的營造，甚至擴及到管理者領導統御能力的養成。

　　雖然MRM是由CRM演進而來，但兩者存在著重大的差異。ICAO在第9824號文件第3.4.2小節指出：MRM訴求的對象比CRM來得更廣泛、更多樣化，且一般不只包含航空器維修工程師，也包含檢驗員、支援人員和管理者[28]。同時，第9824號文件的第五章附錄A也把FAA針

---

airline maintenance operations。

[27] 請參考James C. Taylor和Manoj S. Patankar於2001年在 *"Journal of Air Transportation World Wide"* 發表的論文 'Four Generations of Maintenance Resource Management Programs in the United States: An Analysis of the Past, Present, and Future'。

[28] 原文為One important difference between MRM and CRM is that the MRM target audience is much wider and more diverse and typically would include not only AMEs but also inspectors, support personnel and managers。

對CRM和MRM在技術和背景的差異比較整理成下表[29]：

表2-2　CRM和MRM在技術和背景的差異

主題	CRM	MRM
人為失誤	飛航組員失誤常被視為顯性失誤，因為通常會立即見到後果	考慮公眾安全時，維修失誤常被視為隱性失誤
人為因素學訓練	CRM訓練強調精神運動的（psychomotor）觀點，因為精神上負荷、反應時間等等帶來的立即效果	MRM訓練強調維修作業的系統觀點，著重在社交和組織因素
溝通	飛航操作最主要是駕駛艙內面對面溝通和與飛航管制人員在通訊上的立即互動	維修作業最主要是透過技術手冊、工卡、技術通報、公告等等的非面對面溝通，故維修人員沒有口語化的訊息
團隊組成	飛航組員在本質上趨於同質，因組員通常有相似的教育和經驗	維修人員和飛航組員相比，或是維修人員彼此相比，在教育背景和經驗上較為多元，故團隊技術的訓練較為困難
團隊合作	飛航組員人數不多，且全部成員都處在同一狹小工作空間內，故CRM強調小組內（intra-team）的團隊技術	維修人員的人數較多，在散布棚廠的大範圍工作，也有多組人的活動，每組都各有其職掌，故MRM強調小組間（inter-team）的團隊技術
情境察覺	飛航環境的變化較快且會形成顯性失誤，故CRM要為避免這些失誤而量身訂作，LOFT模擬可用於改善情境察覺	即使變化比飛航環境來得慢，但維修環境可能是忙亂的（hectic），維修人員必須具有情境察覺來推斷失誤在幾小時、幾天和幾週後的後果，故MRM所教的情境察覺必須為這樣的環境量身訂作
領導統御	如同團隊合作，CRM的領導統御技術常聚焦在小組內（intra-team）的行為，也就是如何帶領團隊，以及如何追隨（followership）。至於小組間（inter-team）的互動，則很有限。	在維修組織中，主管或領班常要在不同部門或單位之間擔任中間人，故維修帶頭者必須不只熟知小組內（intra-team）行為，也要懂得處理像是另一個輪班或其他單位的外人（outsiders）。這些外人在經驗和習性上也很多樣化，故MRM訓練計畫要將這些議題列入考慮

---

[29] 原始資料是FAA出版的 *"Maintenance Resource Management Handbook"* 的第一章，此處列表是ICAO整理的結果。

另外，FAA提出一個用於民航維修的人為因素學理論：PEAR模式。PEAR分別代表四個英文單字：people、environment、actions和resources，也就是從人、環境、行動、資源這四個方面來分析民航維修的人為因素學。

people（人）是指民航維修人員，這是整個PEAR模式的核心。environment（環境）是指實際的工作環境，還有組織架構（organizational framework）。actions（行動）是指每個人為了完成任務（task）所做的事。resources（資源）是指除了自己以外的其他人和物，例如在一起工作的同伴、交接班的另一批同事、支援維修的工程師或駐廠技術代表、透過電腦查詢的維修文件、普通手工具或精密量具、測試裝備等等。

在本節參考文件中列有多個檢查表（1-3至1-8），可讓MRO用來進行訓練或找出可能危害飛航安全的人為因素。限於篇幅就不再詳細說明，有興趣的讀者請自行閱讀。

在本節的結尾，要提醒一點。在民航維修方面，很多人把MRM看成就是人為因素學。不可否認地，MRM確實在民航維修的人為因素學當中佔有非常重要的一席之地。而且，MRM訓練也經常包含Dirty Dozen（參考本章第二節）、人為失誤（參考本章第二節）。但完整的人為因素學除了MRM以外還有其他的議題，像是飛航組員和客艙組員

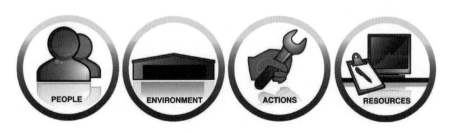

圖2-15　PEAR模式

圖片來源：本節參考文件圖**8-1**。

的CRM。即使把範圍限縮到民航維修領域，由PEAR模式可知，資源只是其中之一，還有環境和行動兩方面需要考慮是否符合人為因素學的要求。所以，MRM確實很重要，但請不要把人為因素學窄化成只有單單MRM而已。

第六節　成本的考量[30]

　　無論是一家航空公司或一間維修廠，成本總是必須列入考慮的因素之一。即使大家都明白人為因素學很重要，但在大老闆的心中，難免會思量著：把這些人為因素學的觀念用在民航維修方面，會不會增加成本？

　　ICAO出版的第9758號文件觸及了此一敏感的主題，即便這份文件是針對飛航管理（air traffic management，簡稱ATM）而寫，但ICAO在第9824號文件第1.4.1小節指出這也適用於民航維修領域[31]。在第9758號文件中，ICAO分析了下列三種做法：

1. 什麼事都不做（do nothing），忽視人為因素學且只在問題發生時才不得不面對。
2. 被動因應去做（reactive），在計畫的最後階段才把人為因素學列入考慮。
3. 主動預防去做（proactive），在發生問題之前就把人為因素學列入考慮。

---

[30] 本節參考文件：ICAO於2000年出版的第9758號文件 "Human Factors Guidelines for Air Traffic Management (ATM) Systems"。

[31] 原文為Even though Doc 9758 is associated with air traffic management systems, its approach on Human Factors interventions is valid for the aircraft maintenance industry also。

上述三種做法用於發現並解決人為能力議題所花費的成本如圖
2-16所示。

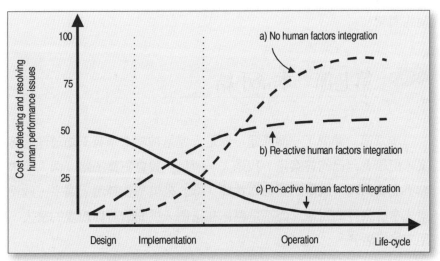

圖2-16　三種做法在人為能力方面的成本

圖片來源：本節參考文件**圖1-1**。

由**圖2-16**可知，當一個計畫（例如引進新機隊或是建立新的維修
能量）在初始謀劃（design）的階段，第一種做法的成本最低——因
為什麼事都不做，第三種做法的成本最高——因為要做許多預防工
作，例如編寫大量文件和程序來避免人為失誤。但隨著計畫逐步履行
（implementation）和持續運作（operation），第一種做法的成本漸漸
暴增——到頭來終究要為先前的不作為付出代價，第三種做法則越來
越不需要花費成本——可能由於健全的制度強化了人為能力而減少人
為失誤發生機會，或者是積極的安全文化讓整個MRO在MRM方面獲
得良好的表現。

總之，ICAO期望大家能藉由**圖2-16**瞭解到，主動預防所費的總成
本不僅優於被動因應，更遠勝於什麼事都不做的鴕鳥心態。如果在計

畫初期為了省小錢而忽略了採取人為因素學的措施，例如不肯花錢改善維修場所的照明、不願逐步招募人員並施以適當訓練使其熟練，那麼隨著人為失誤的次數頻繁發生，反而會花更大筆金錢來解決層出不窮的問題。

 ## 第七節　本章小結

　　本章第一節問了一個問題：你是人還是神呢？筆者不知道你的答案，但筆者自己的答案是：我是人。所以，我會犯錯。當一個人要求你不能犯錯時，就是企圖把你當成「神」來供奉在神壇、廟宇，做為眾人拿香祭拜的對象，而不是讓你在這個人世間陪著你親愛的家人、朋友好好活著。

　　犯錯並不可恥，可恥的是明明做錯了卻死鴨子嘴硬不肯承認、推諉卸責百般強辯。認錯很難嗎？是的，尤其是在本國。傳統東方文化不允許人們犯錯，更誇張的事發生在日本，犯錯者不得不切腹自殺。然而，這就是我們所樂見的獵巫行為嗎？

　　犯錯者並非不能被處罰，因為不處罰可能被誤認為「大事化小、小事化無」，呈現出息事寧人的假象。筆者主張要用「責備」的立場來對待犯錯者。責，要求；備，完美。當一個人被責備時，其實是在要求這個人使其完美。處罰不是目的，只是避免再次發生相同過錯的手段之一，目的其實是讓一個人盡善盡美。

　　當本國民航維修的人員檢定制度由過去的Part 65轉變成現在的Part-66（參見第三章第二節），是否也該轉變一下我們的思維？時代在改變，人也要跟著改變。人為因素學的本質To err is human不能被遺忘，絕非人為因素學的學科檢定考過就算了，更不是術科檢定背一背 "Dirty Dozen" 就好了。或許大家已經習慣考試歸考試、做事歸做

事，但在我們被要求服從、服從、再服從的時候，是否也該想想：這樣的服從到底對飛航安全有沒有實質上的助益？或只是反正我聽你的話，出事你來負責。

　　如果不能真正瞭解人為因素學，那麼由Part 65轉變成Part-66，只是訓練時數變長、考試難度變高、頭銜由機械員變工程師、檢定證上加註了型別檢定這些形式上的差異而已。本質上，我們還是停留在過去的Part 65，更何況美國的Part 65也開始重視人為因素學了，那麼我們雖然號稱更高一層的Part-66，但跟現今美國的Part 65相比，可能只是較低一層的Part-64（大誤）。

　　人，一直是個大問題。

　　最後，再次強調：筆者的觀點不一定是對的，因為我是人，我會犯錯。

本章摘要 ---

＊只要是人就會犯錯（To err is human）。

＊所謂「航髒的12件事」，是指由Gordon DuPont在1997年提出12
項人為因素學上與民航維修有關的壞事，包含：

　1.溝通不良（lack of communication）。

　2.自滿大意（complacency）。

　3.知識不足（lack of knowledge）。

　4.分心（distraction）。

　5.缺乏團隊合作（lack of teamwork）。

　6.疲勞（fatigue）。

　7.資源不足（lack of resources）。

　8.外在壓力（pressure）。

　9.缺乏主見（lack of assertiveness）。

　10.內在壓力（stress）。

　11.警覺心不足（lack of awareness）。

　12.習以為常（norms）。

＊人為能力具有下列特性：

　1.大部分不是與生俱來的，而是經由訓練和學習形成的。

　2.縱使訓練和學習可以強化能力，但也不可能培養出無限制的
　　能力。

　3.並非一成不變的，有時候會由於生理因素出現心有餘而力不
　　足的情況。

　4.有時候也會受到情緒波動而有極大程度的能力變化。

　5.團隊的人為能力不一定是成員各別人為能力的總和。

＊多數的意外是由於人為能力不佳所造成，而人為能力不佳也通
　常被看作人為失誤。

＊ICAO把人為失誤分成：

　1.會有立即後果的顯性失誤（active error）。

　2.要在一段時間之後才會發生後果的隱性失誤（latent error）。

＊FAA把人為失誤分成：

　1.想去做但效果不如預期的決策失誤（decision error）。

　2.個人感官與實際情況不同的知覺失誤（perceptual error）。

　3.技巧失誤（skill-based error）。

＊維修資源管理是指在民航維修作業方面，用來改善溝通、效率
　和安全程度的一般程序。

＊FAA提出一個用於民航維修的人為因素學理論：PEAR模式。
　分別代表people、environment、actions和resources這4個英文單
　字，也就是從人、環境、行動、資源這四個方面來分析民航維
　修的人為因素學。

問題思考

➤ 在本章第二節所述骯髒的12件事，所附12張圖示（圖2-1至圖2-12）的英文說明是什麼意思？

➤ 在本章第二節所述骯髒的12件事，各項有何降低風險的方法呢？

➤ 參考FAA-H-8083-30A的圖14-26，請問有哪些問題可以拿來詢問飛航組員，以便更瞭解故障的情況便於排除故障？

➤ 參考本章第二節第九項由FAA提議的四點做法，當你面對主管下令把來源不明、沒有可用掛籤的零件裝上飛機，並且不要寫在飛航日記簿上時，你會如何表達你的顧慮呢？

➤ 在夜深人靜的時候，空曠的街道上久久才有一輛車子經過。當你在十字路口遇到紅燈，發現沒有其他人或車，但又要趕著去上班，於是不顧紅燈繼續前進。請問這是失誤還是犯規？

➤ 請參考本章第四節由Sidney Dekker提出的人為失誤的新舊兩個觀點，由中華航空CI611班機的失事調查報告（網址https://www.ttsb.gov.tw/1243/16869/18664/），說明你對此一失事的人為失誤有何看法。

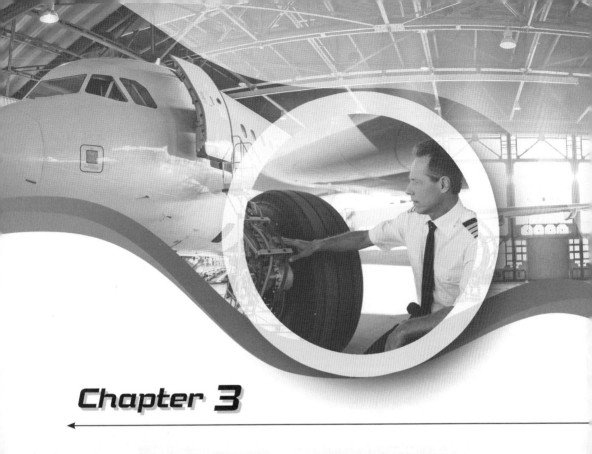

Chapter 3

民航維修人員檢定和訓練

- 概　述
- 航空器維修工程師檢定
- 維修員檢定
- 飛機修護技術士
- 維修訓練
- 本章小結

本章將介紹各種民航維修人員、成為合格人員所需的要求和條件，以及訓練民航維修人員的機構，目的是讓讀者瞭解未來的職涯規劃。

 第一節　概　述

平常所說的維修人員，是一個廣義的名詞。如果從工作性質來區分，可以分成直接維修人員和間接維修人員。直接維修人員是指實際動手維修航空產品的人員〔還記得《民用航空法》對航空產品（aviation product）的定義嗎？〕，例如在停機線做360度檢查的人、在棚廠內為飛機做C check的人、在發動機工廠（engine shop）把整具發動機拆成各個模組的人。間接維修人員是指在幕後支援直接維修人員的人，例如在庫房做物料補給工作的人、在工程單位寫工卡的人、在訓練部門安排初訓和複訓課程表或編寫教材的人。

本章則是以人員資格的觀點來為維修人員做分類，並說明其法規要求。在《民用航空法》第2條第4款定義航空人員（airman）包含：航空器駕駛員（aircraft pilot）、飛航工程師（flight engineer）、航空器維修工程師（aircraft maintenance engineer，簡稱AME）、飛航管制員（air traffic controller，簡稱ATC）、維修員（repairman）及航空器簽派員（aircraft dispatcher，又稱operation dispatcher，簡稱OD）。因此，持有航空器維修工程師檢定證或是維修員檢定證的人，就是合法的維修人員。

第二節　航空器維修工程師檢定

依據《航空人員檢定給證管理規則》第2條第4款定義，所謂「航空器維修工程師」是「指領有檢定證，在地面上擔任航空器機體、發動機及通信電子維護工作之人員」。

航空器維修工程師的前身稱為地面機械員，配合在民國104年2月4日修正公布的《民用航空法》，而改稱航空器維修工程師。會有這樣的修正，主要是地面機械員檢定證「係參考美國聯邦航空總署（FAA）Part 65部法規訂定」[1]，但因為許多國家採用EASA[2]的Part-66制度，本國也有人倡議捨FAR Part 65而就EASA Part-66。故「為配合我國航空維修產業發展及與國際上主流維修證照制度接軌前提下，參考歐洲聯合航空安全署（EASA）Part-66部地面機械員檢定法規，研修《航空人員檢定給證管理規則》新制地面機械員證照規定並經交通部於102年3月19日發布施行」[3]，於是舊制地面機械員就轉變成新制航空器維修工程師。簡單地說，舊制地面機械員比較接近[4]FAR Part 65，

---

[1] 更明確的說法其實是參考FAR Part 65 Subpart D。詳見飛航標準組於民國103年3月12日發行的民航通告AC 60-002《航空人員檢定給證管理規則新制地面機械員證照制度》之背景說明。請參考https://www.caa.gov.tw/Article.aspx?a=3107&lang=1

[2] EASA全名為European Union Aviation Safety Agency，是歐盟的民航主管機關。

[3] 引用自本國AC 60-002。因AC 60-002於2014年發行時，《民用航空法》修正條文尚未完成三讀程序，故仍使用「地面機械員」一詞。民國102年引進的新制航空器維修工程師制度，主要是參考2003年版的EASA Part-66，民國108年修正的《航空人員檢定給證管理規則》條文，則是參考2011年版的EASA Part-66。

[4] 比較接近不代表完全等同，例如本國地面機械員分成機體A、發動機E和航空電子AV三類，但FAR Part 65 Subpart D只有Airframe機體、Powerplant動力裝置這兩類，並沒有AV類別。而EASA Part-66的A類檢定證持有者可以做一些簡單的工作並簽署，但本國A類檢定證持有者卻無法進行任何簽證。

而新制航空器維修工程師比較接近EASA Part-66。

比起過去的地面機械員，要取得現行的航空器維修工程師檢定證實在不容易。本節後續將分成八項來各別說明。

一、年齡

《航空人員檢定給證管理規則》第93條規定「申請航空器維修工程師檢定者，需年滿十八歲，其學科檢定項目如附件一；術科檢定項目依航空器維修工程師術科檢定報告表實施。」

年滿18歲的規定，可以溯源自《國際民用航空公約》第1號附約第4.2.1.1節。關於年齡的要求，在美國FAR §65.71的(a)項第1款、EASA Part-66的66.A.15、中國大陸CCAR-66-R3第66.6條第一項(a)款都是相同的規定。

二、學歷

社會上普遍存在文憑主義，學歷往往成為評價一個人能力高低的依據。比方說，現在要進入國立科技大學擔任「專任」助理教授，就需要博士學位，僅有碩士學位或學士學位，即使教學和研究的能力再強，大概也只能成為兼任或「約聘」專業技術人員。

然而，在民航維修的領域，學歷再高、讀書再多，也不保證必能做好航空產品的維修工作。因此，由前一項所述《航空人員檢定給證管理規則》第93條規定可知，只要年滿18歲，無論什麼學歷，都可以向民航局申請航空器維修工程師檢定。檢定是否合格，取決於能力而非學歷。這是把能力和學歷明確分開來的良好政策，只要能取得航空器維修工程師檢定證，不管什麼學歷，都能合法地從事民航維修的工作。但若是尚未取得航空器維修工程檢定證，即使有博士學位，也不

能合法地簽放民用航空器。

反觀中國大陸，原本CCAR-66-R2第66.10條並沒有學歷的限制，但自2020年7月1日實施的CCAR-66-R3《民用航空器維修人員執照管理規則》第66.6條第一項(c)款要求申請執照者必須具有大專以上學歷。所以即使年滿18歲，但沒有大專以上學歷，就無法申請中國大陸的航空器維修人員執照，由此可見海峽對岸仍然存在文憑主義的迷思。

三、分類和申請資格

《航空人員檢定給證管理規則》第92條將航空器維修工程師分成五類，分別是A（航空器一般維修）、B1（航空器機體及發動機維修）、B2（航空電子及電器系統維修）、B3（最大起飛重量2000公斤以下裝置往復式發動機之非加壓艙式飛機維修）、C類。其中A類和B1類還依航空器所裝置之發動機型式細分成不同子類別，詳見**表3-1**。

表3-1　A類和B1類航空器維修的子類別

渦輪式發動機之飛機航空機械維修	A1	B1.1
往復式發動機之飛機航空機械維修	A2	B1.2
渦輪式發動機之直昇機航空機械維修	A3	B1.3
往復式發動機之直昇機航空機械維修	A4	B1.4

因為本國民用航空器以渦輪式發動機之飛機居多，故本項說明以B1.1為例。

《航空人員檢定給證管理規則》第94條第一項第2款規定，具有下列其中一種資格就可以申請B1.1航空器維修工程師檢定證：

1.五年以上航空器實際維修工作經驗。

2.若持有乙級飛機修護技術士證，只要四年半以上航空器實際維

修工作經驗。

3.若完成維修廠或航空器使用人的訓練，只要四年以上航空器實際維修工作經驗。

4.若完成航空維修訓練機構基礎檢定訓練課程，只要二年以上航空器實際維修工作經驗。

其中維修廠是指航空公司內部的維修部門，例如中華航空公司的修護工廠；或是本身並未操作航空器，而專門為客戶維修民用航空器的公司，例如長榮航太公司。而航空器使用人則通常是指一般的航空公司（例如星宇航空、天際航空），但也可能是航空訓練機構（例如安捷航空）、自用航空器的操作人，或是民航局（操作飛測機 B-00101）。

另外，上述的工作經驗必須在最近10年內取得，且初次申請者於最近7年要有至少1年實際經驗。某些人具有維修軍機或空勤總隊公務機的工作經驗，對這些人來說，由於部分做法與民航維修有所不同，例如維修飛彈、機砲、彈射座椅這些不屬於民航機的系統，就可能被民航局要求增加額外的民用航空器維修經驗，以確保申請人真的瞭解民用航空器的維修作業規定。

四、學科檢定

《民用航空法》第25條第一項規定「航空人員經學、術科檢定合格，由民航局發給檢定證後，方得執行業務，並應於執業時隨身攜帶」。根據此一母法的要求，於是《航空人員檢定給證管理規則》第3條第一項亦同等規定「航空人員經學、術科檢定合格後，由民航局發給檢定證」。因此，檢定項目包含學科檢定、術科檢定兩大類，缺一不可。本項先介紹學科檢定，下一項再說明術科檢定。

在《航空人員檢定給證管理規則》附件一當中，詳列了學科檢定項目[5]。以B1.1類為例，共包含13門學科，涵蓋航空機械和航空電子，詳如**表3-2**所列。

表3-2 學科檢定項目（以**B1.1類為例**）

編號	名稱	題數	做答分鐘數
1	數學	32	40
2	物理	52	65
3	基礎電學	52	65
4	基礎電子學	20	25
5	數位技術與電子儀表系統	40	50
6	材料與零件	72	90
7A	維修實務	80	100
8	空氣動力學	20	25
9A	人為因素學	20	25
10	民航法規	40	50
11A	裝置渦輪式發動機之飛機空氣動力、結構及系統	132	165[6]
15	渦輪式發動機	92	115
17A	螺旋槳	32	40

五、術科檢定

依據民國109年11月30日由民航局飛航標準組發布的「航空器維修工程師術科檢定作業指引」[7]，術科檢定分成基礎術科檢定、航空器型別項目術科檢定兩類。「術科檢定主要係檢測航空維修人員之工作適

---

[5]學科檢定的參考書目和範例考題請見民航局網站https://www.caa.gov.tw/ContentAndMorefiles.aspx?a=493&lang=1。

[6]在本國AC 60-002附件的第40頁顯示165分鐘做答132題，但在EASA Part-66 Appendix II則是175分鐘內做答140題，可見兩者並不完全等同。

[7]下載網址http://www.caa.gov.tw/Tile Att.ashx? lang=1&id=23755。

任能力與所需具備之一般維修基本工作知識及工作素養爲原則。」

　　無論是基礎術科檢定或型別項目術科檢定，都是由口試和實作兩部分組成[8]。在基礎術科檢定方面，口試範圍包含維修實務、人爲因素學、民航法規三個科目，分別爲2題、1題、1題，總共4道口試題目，每題答題時間原則以10至15分鐘爲限。每個科目都要在75分以上才算及格，且2題維修實務計分不是看平均分數，而是2題都要在75分以上。簡單地說，無論是三個科目其中哪一個，若有一題低於75分就整個口試部分不及格。在航空器型別項目術科檢定部分，則由各ATA章節選出10題來考口試。

　　實作範圍只有「維修實務」，但可分成基礎實作和進階實作兩大類。申請A類航空器維修工程師者，只考4題基礎實作項目，其中1題必須是螺桿三連保。申請B1類航空器維修工程師者，除了4題基礎實作項目且其中1題必須是螺桿三連保之外，還要考1題進階實作項目。每題實作時間並無限制，且4題基礎實作項目不是看平均分數，而是4題都要在75分以上。簡單地說，無論是基礎實作或進階實作，若有一題低於75分就整個實作部分不及格。在航空器型別項目術科檢定部分，則由各ATA章節選出2題來考實作。

　　口試和實作兩部分必須都通過才算是術科檢定合格。如果先考實作但未通過，這次術科檢定就直接中止而不再考口試；反之亦然。如果先考實作且通過，就會接著考口試。後考的口試如果也通過，當然就算這次術科檢定合格。但若後考的口試未通過，則先考的實作合格成績可以保留，下次只要考未通過的口試就好，直到術科檢定的限期爲止。反之，如果先考口試且通過，後考的實作未通過，則先考的口試合格成績可以保留。

　　《航空人員檢定給證管理規則》第5條第一項規定：「申請檢定

---

[8] 口試和實作考題範例詳見https://www.caa.gov.tw/Article.aspx?a=2795&lang=1。

證者，其學科檢定應於第一次檢定日起一年內完成，並以六次為限，未完成者應申請重新檢定，學科檢定合格後始得實施術科檢定；術科檢定應於學科檢定完成檢定日起二年內完成，並以三次為限，未完成者學、術科應申請重新檢定。」由此可知兩點：一、必須在通過學科檢定後才能進行術科檢定；二、學科檢定通過後，必須在兩年之內通過術科檢定，且只有3次機會，若3次未通過就要回到學科檢定，重頭再來。

第一點不是太大問題，但第二點卻是大問題。在過去地面機械員舊制，學科檢定的合格率不會太低，即使由學科檢定重頭再來，也不會花費太多時間。然而，目前的航空器維修工程師新制，學科檢定多達13門且題目難度不低，重新再做學科檢定可能又得花上好幾年時間，對於許多人來說會有很大問題。

再看《航空人員檢定給證管理規則》第5條第六項規定：「申請航空器維修工程師檢定者，學科檢定合格後始得實施術科檢定，其學、術科檢定應於第一次檢定日起十年內完成，未完成者應申請重新檢定。」顯然地，這是專門為航空器維修工程師訂定的特別規定，不像前述第一項是用於各種航空人員的普通規定。按照特別法優先於普通法的法學原則，以及《中央法規標準法》第16條「**法規對其他法規所規定之同一事項而為特別之規定者，應優先適用之。其他法規修正後，仍應優先適用。**」，航空器維修工程師應該適用第六項，只要在10年之內把學科和術科檢定都完成就好，而不受第一項只有在兩年之內3次機會的限制。

然而，這部分的爭議仍以《航空人員檢定給證管理規則》的發布機關交通部來做解釋較為適宜。

六、英語檢定

《航空人員檢定給證管理規則》只針對飛航管制員和國際航線之

飛機及直昇機駕駛員,要求無線電溝通英語專業能力的檢定(第120條),而未針對航空器維修工程師做出類似的要求。FAR §65.71就要求必須能夠閱讀、書寫、口說並瞭解英語。

因為美國的官方語言是英語,所以FAR §65.71有這樣的規定並不奇怪。然而,以中國大陸自2020年7月1日開始實施的CCAR-66-R3《民用航空器維修人員執照管理規則》來說,其中第66.7條第一項第f款要求維修人員必須通過航空維修技術英語等級測試,可見中國大陸強化民航維修人員英語能力的決心。中國大陸航空維修技術英語等級測試的內容在第66.12條訂定,包含綜合閱讀和聽力兩部分,在地區管理局監督下以CAAC[9]統一規定的題庫實施測試。

七、權限

依據《航空人員檢定給證管理規則》第95條第一項第1款規定,A類航空器維修工程師可以在維修廠或航空器使用人的授權之下,為停機線例行維修與簡易缺點改正的工作項目做維修簽證。看起來A類航空器維修工程師可以簽署例行維修和簡單的缺點改正工作項目,但在實務上,依據本國AC 60-002的附件,在第4頁明確指出A類別檢定證「**不得執行航空器之恢復可用／適航簽證(Return to Service／Airworthiness Release)**」,故無權針對整架航空器進行放飛的簽證。

B1類航空器維修工程師的權限是在《航空人員檢定給證管理規則》第95條第一項第2款規定,除了具備A類權限之外,也可執行航空器結構、發動機、機械、電器系統之維修,以及只需要簡單測試就能恢復可用的航電系統工作。因此,針對整架航空器進行放飛的絕大多

---

[9]CAAC全名為Civil Aviation Administration of China,是中國大陸的民航主管機關。

數航空器維修工程師,都是持有B1類檢定證。

更高一級的是C類檢定證,當航空器的A check或C check工作完成之後,需要由C類航空器維修工程師依據《航空人員檢定給證管理規則》第95條第一項第5款規定,為整架航空器執行恢復可用的簽證。

為了讓附件工廠裡面的航空器維修工程師能夠順利工作,因此,《航空人員檢定給證管理規則》第95條第一項第6款允許B1和B2類航空器維修工程師也可以執行維修員的業務。

航空器維修工程師的重要性在於確保航空器的適航狀態,依據《航空器飛航作業管理規則》第8條之2第一項規定「航空器使用人應依下列規定記載飛航日記簿及日常維護紀錄:……二、日常維護紀錄:應於每次飛航前記載各項維修檢查情形、缺點及故障改正措施、缺點延遲改正紀錄、各種維修勤務及其他維修事項,由領有合格證書之負責航空器維修工程師簽證,並經機長簽署後始得飛航。」所以機長必須看到航空器維修工程師在日常維護紀錄上簽證之後,才可能接受航空器的適航狀態而開始飛航。如果航空器維修工程師因故意或疏忽而未在日常維護紀錄上簽證,機長無法判斷航空器的適航狀態,就不應該進行飛航。

附帶一提的是,《專門職業及技術人員高等考試技師考試規則》第2條第14款所稱的「航空工程技師」與航空器維修無關,而是偏重於航空器的設計製造,因此具有「航空工程技師」及格證書,不能直接換發航空器維修工程師檢定證。

八、效期

依據《航空人員檢定給證管理規則》第7條第一項規定,航空器維修工程師檢定證自發證之日起有效期間為5年。屆期前3個月內要辦理重簽,若屆期重簽超過12個月以上,就要通過學科和術科的重新檢

定；若逾期不超過12個月則以申請日為發證日。

這樣的效期規定與EASA Part-66的66.A.40規定相符，但與FAR規定並不一致，FAA核發的機械員（mechanic）執照是終生有效。此外，中國大陸自2020年7月1日實施的CCAR-66-R3《民用航空器維修人員執照管理規則》，航空器維修人員執照也是終生有效（第66.9條）。

 ## 第三節　維修員檢定

依據《航空人員檢定給證管理規則》第2條第5款定義，所謂「維修員」是「指領有檢定證，受僱於航空產品與其各項裝備及零組件維修廠（以下簡稱維修廠）從事航空器或其零組件之維修、改裝或檢驗工作之人員」。

維修員的制度是參考FAR Part 65 Subpart E而訂定。滿18歲的年齡要求和航空器維修工程師相同，也與《國際民用航空公約》第1號附約第4.2.1.1節、FAR §65.101的(a)項第1款一致。

在EASA制度下，並沒有維修員的檢定證，而是把附件、發動機、APU的維修工作都交由維修廠的品質系統來授權並督導。也就是說，哪個人可以保養電瓶，由維修廠決定；哪個人有權簽放整具發動機，由維修廠決定；哪些人可以翻修APU，由維修廠決定。民航主管機關只會緊盯著維修廠的品質系統，至於人員的條件和要求，責任在維修廠本身。

中國大陸原本也有對應於維修員的民用航空器部件修理人員，但自2020年7月1日實施的CCAR-66-R3《民用航空器維修人員執照管理規則》，已刪除了此一類別。

單純就技術而言，維修員與航空器維修工程師的工作性質大致相

同，但在民航法規的定位有一些差別。首先在申請檢定證方面，《航空人員檢定給證管理規則》第101條第一項規定，維修員檢定證申請者必須具備高中畢業或同等學歷，且限制維修員檢定證申請者必須為維修廠雇用，並由雇主所推薦[10]，但第93條並未針對申請航空器維修工程師檢定證的人做出相同限制。因此，有些現役軍人在滿足申請航空器維修工程師員檢定證資格時，即使還在軍中服役、尚未退伍，並沒有被航空公司或維修廠雇用，也有機會報考航空器維修工程師，但不能報考維修員。

其次在簽證方面，《航空人員檢定給證管理規則》第103條第三項明訂「維修員不得代替航空器維修工程師從事航空器之恢復可用簽證」。這代表維修員沒有資格從事《航空產品與其各項裝備及零組件適航維修管理規則》第26條第一項第2款所指的適航狀態簽證。

最後是有關檢定證失效的規定，《航空人員檢定給證管理規則》第104條要求「維修員因故不再執行其檢定項目時，其檢定證應由維修廠報請民航局繳銷」。所以維修員辭職時，持有的維修員檢定證就失效，即使此人是跳槽到其他維修廠從事相同的維修工作，也不能維持原有維修員檢定證的效力[11]。但航空器維修工程師則無同等要求，這代表航空器維修工程師跳槽到其他航空公司或維修廠，持有的航空器維修工程師檢定證並未失效，仍可繼續使用而不必重新申請。

總之，維修員的限制條件比航空器維修工程師來得多，所以絕大多數維修人員都以取得航空器維修工程師檢定證為主要目標，而不會因持有維修員檢定證而滿足。

---

[10]代表個人不能自行申請。

[11]據瞭解，曾有人提議廢除此一限制，讓維修員由一個維修廠跳槽到另一個維修廠時，不必再重新考維修員檢定證，但此想法後來不了了之。

第四節　飛機修護技術士[12]

　　為了配合民用航空產業成長及發展所需，經濟部航太工業發展推動小組於民國90年2月13日召開了「飛機維修技術人員培訓及檢定」會議，規劃研訂飛機修護職類技能檢定規範，並依其技能範圍及專精程度分為乙、丙二級。因此，每年勞動部勞動力發展署技能檢定中心都會在各地舉辦乙級、丙級飛機修護技術士的技能檢定。

　　丙級飛機修護技術士所需的技能標準及相關知識，以高中、職學校相關科系授課課程為藍本；乙級飛機修護技術士所需的技能標準及相關知識，以技術學院（含專科）相關科系授課課程為藍本。

　　丙級檢定項目包含：飛機修護基礎技術、飛機各部位中英文名稱及功能、各類儀表的認識、發動機基礎概念、專業英文及手冊查閱、基本電學、安全措施，以及航空法規。乙級檢定項目包含：飛機修護基礎技術、飛機機身修護、飛機渦輪發動機修護、飛機電氣及儀表系統修護、飛機檢查及文件查閱、安全措施，以及航空法規。

　　無論是乙級或丙級飛機修護技術士的檢定項目，大致上都已符合民航維修工作的範圍，但因其規範是在過去參考FAR Part 65的地面機械員舊制時代訂定，因此與目前參考EASA Part-66的航空器維修工程師新制有一段差距，最明顯的部分就是航空器維修工程師檢定項目包含人為因素學，但不管是乙級或丙級檢定項目都沒有將人為因素學納入其中。

　　當然，或許是飛機修護技術士的著眼點還是停留在以往偏重手作技巧（hands on skill）的傳統觀念，但人為因素學並非工作的技巧（動手）而是工作的觀念（動腦），故不納入人為因素學的想法也是

---

[12]本節參考文件：「飛機修護技術士技能檢定規範」。

有其道理。然而，如果飛修檢定制度想要跟上當前FAA Part 65或EASA Part-66的腳步，建議勞動部能夠修訂現行「飛機修護技術士技能檢定規範」，以配合Part-66航空器維修工程師的新制實施，或許維修廠或航空器使用人會比較願意接納飛機修護技術士的檢定證。

至於如何將人為因素學納入飛修技術士的檢定制度，筆者建議先從乙級納入Dirty Dozen開始。一則Dirty Dozen淺顯易懂，二則FAA所出版的《FAA-H-8083-30A手冊》第14章已有現成的內容可以讓學生閱讀或供教師教學之用，資料取得方便。

 ## 第五節　維修訓練

《民用航空法》第27條第二項規定：「**民用航空人員訓練機構於立案前，應先經交通部核准。**」這裡所指的民用航空人員訓練，在《民用航空人員訓練機構管理規則》第3條說明包含下列3類：航空器駕駛員訓練、航空人員適職訓練、航空維修訓練；本書僅針對航空維修訓練進行說明。

航空維修訓練在美國、歐盟都以Part 147稱之，故很多人習慣以147學校來稱呼民航維修訓練機構，故本書也以147學校來代表航空維修訓練機構。

147學校可分成兩種：基礎訓練、型別訓練。基礎訓練以不特定航空器型別來實施訓練，也就是什麼都學，例如中華科大附設的航空維修教育中心（China Aviation School簡稱CAS，網址www.cust.edu.tw/cas/）、虎尾科大附設的航空維修訓練中心（Aviation Maintenance Training Center簡稱AMTC，網址amtc.nfu.edu.tw）；型別訓練就是針對特定的航空器（及安裝的發動機）型別來教學，例如中華航空147訓練中心（網址https://emo.china-airlines.com/lang-tc/147training_center.

html）就可提供多種空中巴士和波音機種的訓練。

每一間147學校都會配合航空器維修工程師的檢定類別來申請檢定訓練課程，包含A類、B1類、B2類這三種基礎訓練，或是B1類、B2類、C類這三種型別訓練。以虎尾科大AMTC為例，目前只被政府核准實施B1.1類的基礎訓練。而中華航空147訓練中心目前則有A320家族、A330、A340、A350、B737 NG、B747-400、B777-200／300、ERJ-190／195、ATR 42-400／500／72-212A的B1／B2／C類機種訓練。

由於《民用航空人員訓練機構管理規則》第49條之4第三項允許147學校將某些課程委託經民航局核准的非航空維修訓練機構執行，所以只要就讀大學期間修過微積分、物理，便不需要在147學校再上這兩門課，但仍需要在147學校進行學科考驗。

《民用航空人員訓練機構管理規則》第49條之5第二項規定：「航空維修訓練機構A類、B1類及B2類基礎訓練之課程內容，應包括學科訓練、學科考驗、實作訓練及實作評鑑。」此外，本條文第七項亦規定：「A類、B1類及B2類基礎訓練課程之上課時數，應符合附件十九之規定。」而附件十九所訂上課時數如**表3-3**[13]。

表3-3　基礎訓練課程之上課時數

類別	最低上課小時數	學科訓練百分比
A1	800	30~35
A2	650	30~35
A3	800	30~35
A4	800	30~35
B1.1	2400	50~60
B1.2	2000	50~60
B1.3	2400	50~60
B1.4	2400	50~60
B2	2400	50~60

---

[13]此一上課時數與EASA Part-147 Appendix I相同。

由此可知A1類課程必須至少800小時且偏重實作訓練，而B1.1類課程必須有2400小時且學科訓練不會少於實作訓練。要注意的是，時間單位是小時，也就是完整的60分鐘，而不是一般學校排課的每堂（節）50分鐘。

　　所以虎尾科大AMTC的B1.1類基礎訓練課程，便將總共2400小時分成1386小時的學科訓練、1014小時的實作訓練。如此一來，學科訓練佔了57.75%，接近民航局要求的學科訓練最高百分比60%。至於學科考驗和實作評鑑，則不包含在這2400小時之內，而是另外找時間進行。

　　如果按照虎尾科大AMTC的課程安排，147學校每天上6小時、每週上5天、每學期上20週，一個學期就可完成600小時的課程，因此需要4個學期才能達到2400小時的要求，而這4個學期會安排在大三、大四兩年。於是進入虎尾科大147學校的學生，畢業之前便可完成民航局要求的B1.1類基礎訓練。一切順利的話，虎尾科大147學校學生在大學畢業時，不僅拿到教育部認可的學士文憑、147學校核發的結業證書，

圖3-1　虎科大AMTC學生正在上基礎電學實作課使用示波器

若是努力認眞的話，還有機會通過民航局的B1.1學科檢定。一旦離開校園進入航空業，只要多多練習實作、準備口試，完成術科檢定就好。與其他同時由大學畢業的同學相比，已經領先了好幾年時間。對於民航業者來說，更是在招募到147學校結業學生進來公司時，就已經是能夠實際到現場協助航空器維修工程師工作的可用人力，是年輕學子、147學校、民航產業三方皆贏的最好結果。

最後要提醒兩點：首先，即使就讀147學校，並且很厲害地迅速通過學科和術科檢定，但仍然需要累積2年以上的實際民航維修工作經驗，拿得出訓練或工作經歷紀錄簿，才能夠依據《航空人員檢定給證管理規則》第94條（參見本章第二節第三項所述）的規定，取得B1.1航空器維修工程師檢定證。若航空器實際維修的工作經驗未達2年，暫時無法拿到這張檢定證。其次，即使能在滿2年時拿到B1.1檢定證，但上面若未註明航空器型別項目，也就是俗稱的空白證，那麼也無法簽放任何一種航空器。

第六節　本章小結

以整個民航維修的產業來看，除了在現場動手做事的直接人力之外，還有在幕後默默奉獻的間接人力。每個人都在自己的崗位上勤奮地付出體力和心力，確保民用航空器的適航安全條件。無論是直接人力或間接人力，能夠拿到檢定證、成爲合法的航空人員——無論是航空器維修工程師或維修員——就是職涯規劃的目標。

然而，要取得檢定證——尤其是航空器維修工程師——並不是一件簡單的事。取得管道有兩種，一是憑著自己苦讀研習來先後通過學科和術科檢定，另一則是加入實施基礎訓練的147學校，完成一個又一個模組的課程，先在147學校通過學科檢定，再到業界實際工作後通

過術科檢定，等到年資符合條件後，就可領取航空器維修工程師檢定證，成為真正合法的航空人員。

147學校的基礎訓練收費並不便宜，這是因為教學所需的人力成本和設備成本都有一定的市場行情，要以極度低廉的付出來獲得極高水準的教學品質，是一個天方夜譚的夢想。因此，年輕學子進入147學校雖然具有節省時間、專業教學的優點，但也必須付出相當大筆的金額，而有沉重的財務負擔。

相對地，不讀147學校的人，一旦進入業界，如果公司願意提供適當的訓練，也可能在4年內完成學科檢定、術科檢定，同樣取得B1.1航空器維修工程師檢定證。即使公司不提供訓練，有乙級飛機修護技術士證的人，努力4至5年，或是沒有乙級飛機修護技術士證的人，勤奮5年，也有機會取得B1.1航空器維修工程師檢定證。走這條路的好處是可以邊工作賺錢、邊準備學科和術科檢定，財務負擔較輕，但缺點就是要花很長的時間，而且自己苦讀還不保證能考得過13門學科，以及口試和實作項目。

所以，如果真的有心想往民航維修這條路走，究竟要選擇自己苦讀、公司培訓，還是直接進入147學校，筆者無法回答各位讀者。還是要按照個人的情況，審慎地自我評估再做出決定。畢竟人生是自己的，不是別人的。

最後，提醒各位，不是拿到B1.1檢定證就脫離苦海了，接下來還有許多機型訓練和檢定，於是不斷地讀書、不斷地訓練、不斷地考試。走民航維修這條路，就是活到老學到老。

本章摘要

＊在維修方面，法定的航空人員包含航空器維修工程師、維修員
兩類。

＊舊制地面機械員比較接近FAR Part 65，而新制航空器維修工程
師比較接近EASA Part-66；維修員的制度則是參考FAR Part 65
而訂定。

＊只要年滿18歲、不限學歷就可以申請航空器維修工程師檢定。

＊雖已年滿18歲，但仍需高中畢業或同等學歷才能申請維修員檢
定。

＊航空器維修工程師分成五類：

　・A（航空器一般維修）。

　・B1（航空器機體及發動機維修）。

　・B2（航空電子及電器系統維修）。

　・B3（最大起飛重量2000公斤以下裝置往復式發動機之非加壓
　　艙式飛機維修）。

　・C類。

＊B1.1的學科檢定包含13門學科，涵蓋航空機械和航空電子。

＊術科檢定分成基礎術科檢定、航空器型別項目術科檢定兩類，
且都包含實作和口試兩部分。

＊B1類檢定證持有者可對整架航空器進行放飛簽證。

＊航空器維修工程師也可以執行維修員的業務。

＊航空器維修工程師檢定證自發證之日起有效期間為5年。

＊維修員不得代替航空器維修工程師從事航空器之恢復可用簽
證。

＊勞動部辦理的飛機修護職類技能檢定分為乙、丙兩級：
- 丙級飛機修護技術士所需的技能標準及相關知識，以高中、職學校相關科系授課課程為藍本。
- 乙級飛機修護技術士所需的技能標準及相關知識，以技術學院（含專科）相關科系授課課程為藍本。

＊航空維修訓練機構分成基礎訓練、型別訓練兩種。

＊基礎訓練包括學科訓練、學科考驗、實作訓練及實作評鑑。其中A1類課程必須至少800小時且偏重實作訓練，而B1.1類課程必須至少2400小時且學科訓練不會少於實作訓練。

問題思考

➤航空器維修工程師的制度主要是參考哪一個國外標準？維修員
的制度又是參考哪一個國外標準？

➤為何B1類航空器維修工程師檢定證的學科要同時涵蓋航空機械
和航空電子？

➤就讀147學校有何優點？缺點？不讀147學校有何好處？壞處？

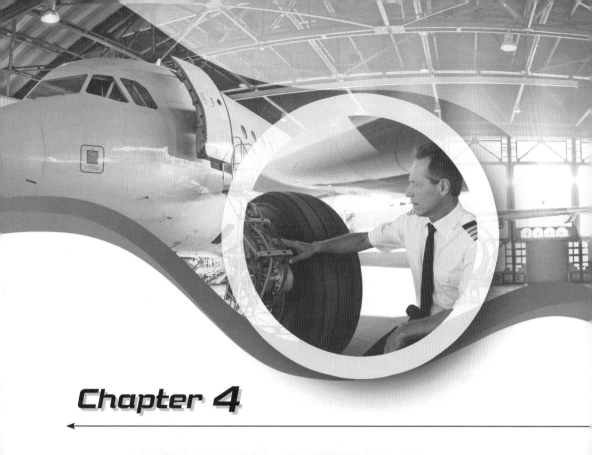

Chapter 4

適航的基本觀念

- ·概　述
- ·初始適航
- ·持續適航
- ·適航指令
- ·本章小結

本章將介紹適航的基本觀念，包含初始適航和持續適航，目的是讓讀者瞭解適合飛航的必要條件。

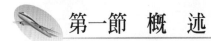

第一節 概 述

適航（airworthiness）在民航維修方面是一個非常重要的觀念。在Jane's Aerospace Dictionary當中，定義「適航」是指「在各種可能的環境和可預見的情況下，航空器或裝置符合其設計用於飛航操作的程度」[1]，而在ICAO出版的第9760號文件Airworthiness Manual的第1編有個相近的定義，「適航的」（airworthy）這個形容詞指的是「航空器、發動機、螺旋槳或各種零件的狀態符合其核准設計且處於安全運作的狀況」[2]。

由這兩個解釋可知，適航這個詞彙包含了兩大重點：設計（連同製造）、安全。也就是說，不只是要經過合格設計和製造來符合適航標準，而且要確保能夠持續地在滿足核准條件下安全運作。前者代表初始適航，後者代表持續適航，將分別在後面兩節詳細說明。

更具體地說，航空器適航可分成形式及實質兩種。在形式上，航空器適航就是指適航證書（Airworthiness Certificate，簡稱AC）。以國際法來說，《國際民用航空公約》第31條「適航證」（Certificates of airworthiness）規定：「凡從事國際航行的每一航空器，應備有該航空器登記國頒發或核准的適航證。」而以國內法來說，《民用航空法》第9條第三項規定：

---

[1] 原文為fitness for flight operations, in all possible environments and foreseeable circumstances for which aircraft or device has been design.

[2] 原文為The status of an aircraft, engine, propeller or part when it conforms to its approved design and is in a condition for safe operation.

已領有登記證書之航空器，其所有人或使用人，應向民航局申請適航檢定；檢定合格者，發給適航證書。

對一架全新的飛機來說，這代表適航的第一個重點：設計和製造符合適航標準；這部分將在第二節詳細說明。

另外，《國際民用航空公約》第33條「承認證書和執照」（Recognition of certificates and licenses）規定：「登記航空器的締約國頒發或核准的適航證和合格證書及執照，其他締約國應承認其有效。但頒發或核准此項證書或執照的要求，須等於或高於根據本公約隨時制定的最低標準。」所以當外籍航空器飛入時，本國將承認其適航證書；而本國航空器飛到外國，同樣也會被外國所承認。

在民國104年2月4日公布新增修條文之前，《民用航空法》第14條規定：

適航證書遇有左列情事之一者，失其效力：
一、有效期間屆滿時。
二、登記證書失效時。
三、航空器不合適航安全條件時。

可看出，即使適航證書還在有效期內，且航空器符合適航安全條件，一旦登記證書失效（例如航空器所有權移轉），這架航空器在形式上就不適航。然而，這架航空器在實質上並未改變其適航狀態，僅僅因為由本國籍甲航空公司賣給本國籍乙租機公司，便造成登記證書失效（《民用航空法》第13條第1款）而連帶使得適航證書失效，必須重新申請適航證書以滿足形式上的適航。如果只是為了形式而不論實質適航，如此規定是有爭議的。

所以民國104年2月4日公布《民用航空法》新增修條文加入第2項如下：

第14條　適航證書遇有下列情事之一者，失其效力：

一、有效期間屆滿時。

二、登記證書失效時。

三、航空器不合適航安全條件時。

航空器所有權移轉時，未變更國籍標誌及登記號碼者，其適航證書之效力，不受前項第二款規定之限制。

由此可看出，民國104年2月4日《民用航空法》新增修條文的出發點，是將航空器適航的要求由形式轉變為實質，航空器必須在實質上屬於有效期內且符合安全條件才算適航。反之，超過有效期、或者不符合安全條件，都被視為不適航。當實質適航的航空器因買賣而移轉所有權時，雖然登記證書失效，但只要國籍標誌及登記號碼未改變，仍是適航狀態而繼續維持適航證書的效力。

另一方面，由《民用航空法》第14條第一項第3款也可看出，若航空器在實質上不符合適航安全條件，則適航證書失效。這就明確地指出適航的第二個重點：安全；這部分將留待第三節再詳細說明。

總之，適航包含了設計和製造、安全兩大主軸。在民航主管機關的業務區分上，初始適航以設計和製造為主，持續適航以安全為主，但兩者的劃分也不是絕對明顯。而對於具體的適航證書來說，新飛機出廠時獲得的第一次適航證書主要偏向於設計和製造。當適航證書到期，或是不符合安全條件時，先前民航局核發的適航證書就無效了。

 ## 第二節　初始適航

前一節提到適航的觀念包含兩個重點：設計和製造、安全。初始適航指的就是讓設計和製造符合安全的標準。

一架航空器從無到有的過程如《民用航空法》下列規定：

第9條　航空產品與其各項裝備及零組件之設計、製造，應向民航局申請檢定，檢定合格者，發給相關證書；非經民航局檢定合格發給相關證書，不得製造、銷售或使用。

自國外進口之航空產品與其各項裝備及零組件，非經民航局檢定合格或認可，不得銷售或使用。

已領有登記證書之航空器，其所有人或使用人，應向民航局申請適航檢定；檢定合格者，發給適航證書。

前三項航空產品與其各項裝備、零組件設計、製造之檢定、適航證書與適航掛籤之申請、分類與限制、認可、發證、變更、撤銷或廢止之條件、註銷與換發、證照費收取及其他應遵行事項之規則，由交通部定之。

上述條文第四項授權交通部訂定子法，因此《航空產品與其各項裝備及零組件適航檢定管理規則》第1條便明載：「本規則依《民用航空法》第九條第四項規定訂定之。」

上述條文第一項所指的「相關證書」，在設計部分是指型別檢定證（Type Certificate，簡稱TC）或補充型別檢定證（Supplemental Type Certificate，簡稱STC）；在製造方面，則是指製造許可證（Production Certificate，簡稱PC）、零組件製造者核准書（Parts Manufacturer Approval，簡稱PMA）、技術標準件核准書（Technical Standard Order Authorization，簡稱TSOA）；其定義分別如《航空產品與其各項裝備及零組件適航檢定管理規則》第2條第3款、第4款、第6款、第7款、第10款下列所述：

・型別檢定證是「指對航空產品之設計，經審查核准發給之證書」。

· 補充型別檢定證是「指對已取得型別檢定證之航空產品為重大設計變更，經審查核准發給之證書」。

· 製造許可證是「指對航空產品之製造，經審查核准發給之證書」。

· 零組件製造者核准書是「指對航空產品或裝備更換及改裝用零組件之設計製造，經審查核准發給製造者之文件」。

· 技術標準件核准書是「指對技術標準件之設計及製造，經審查符合技術標準規定發給製造者之文件」。

由《航空產品與其各項裝備及零組件適航檢定管理規則》第7條「航空產品之設計，設計人應檢附申請書（附件三）向民航局申請檢定，經檢定合格，發給型別檢定證（附件四）」可知，將航空產品（航空器、發動機、螺旋槳）與其各項裝備及零組件設計完成之後，必須向民航局申請檢定，檢定合格便可取得TC。

而《航空產品與其各項裝備及零組件適航檢定管理規則》第24條第一項規定：「對具型別檢定證之航空產品進行未達第九條重新申請型別檢定證之重大設計變更者，除型別檢定證持有人得依第三章規定辦理外，應檢附申請書及相關設計文件向民航局申請檢定，經檢定合格，發給補充型別檢定證（附件八）。」這代表小幅修改現有TC的設計後，必須向民航局申請檢定，檢定合格便可取得STC。

取得TC、STC或授權使用他人TC之後，可依據《航空產品與其各項裝備及零組件適航檢定管理規則》第28條向民航局申請PC。其規定如下：

第28條　下列文件持有人，得檢附公司與工廠登記證明文件、組織架構、製造設施及地點說明，向民航局申請製造許可證：

一、型別檢定證。

二、型別檢定證之授權使用文件。

三、補充型別檢定證。

有了TC和STC，不一定要自行製造，也可以將TC和STC賣給別人，再由別人來生產；轉讓程序分別如《航空產品與其各項裝備及零組件適航檢定管理規則》第16條（TC）和第25條（STC）所述。但《航空產品與其各項裝備及零組件適航檢定管理規則》第31條第二項、第53條第二項、第59條第二項，分別明訂PC、PMA、TSOA均不可以轉讓。這是因為能否取得PC、PMA、TSOA涉及該公司與工廠的製造設施及品質系統良莠，例如甲公司夠好而可以取得PC、PMA、TSOA，但乙工廠不夠好而無法取得PC、PMA、TSOA，假如甲公司可以將PC、PMA、TSOA轉讓給乙工廠，那麼乙工廠製造出來的航空產品與其各項裝備及零組件，品質可能不夠好而有害於飛航安全。

就航空器來說，當設計完成後取得TC，並經PC持有者製造組裝成完整的航空器，且領有登記證書後，便可向民航局申請取得適航證書AC。

用前幾年頗受關注的熱氣球為例，航空迷張三設計了一種熱氣球「摩登孔明燈」，向民航局申請後取得TC，因為張三只是航空迷，沒有適當的設備來大量生產「摩登孔明燈」，於是將TC賣給某工廠老闆李四。李四的工廠向民航局申請後取得PC，製造出10具「摩登孔明燈」後，其中1具賣給王五。王五向民航局登記這具熱氣球，並申請適航檢定後取得AC，便可在適當空域合法地操作這具「摩登孔明燈」。使用一段時間後，王五憑著操作經驗對「摩登孔明燈」的設計稍做改良，向民航局申請後取得「摩登孔明燈」的STC。王五自己開工廠向民航局申請後取得PC，再生產1具改良過後的「摩登孔明燈」，然後登記並取得AC。

此外，《航空產品與其各項裝備及零組件適航檢定管理規則》第

39條還規定AC的種類，包含通用類、特技類、特種作業類、通勤類、運輸類及自由氣球類航空器適航證書。這幾種航空器的特性大略整理成**表4-1**，詳細定義請見《航空產品與其各項裝備及零組件適航檢定管理規則》第2條第13~18款。

表4-1　適航證書分類

航空器類別	飛機	直昇機	熱氣球	特技飛航
通用類	載客座位數≦9，MTOW≦5700kg	MTOW或MW≦3180kg	不適用	禁止
特技類	載客座位數≦9，MTOW≦5700kg	不適用	不適用	允許
特種作業類	同特技類	不適用	不適用	允許
通勤類	載客座位數≦19，MTOW≦8640kg，多發動機且由螺旋槳驅動	不適用	不適用	禁止
運輸類	多發動機，噴射或螺旋槳均可	多發動機	不適用	禁止
自由氣球類（包含充氣自由氣球及熱氣球）	不適用	不適用	非藉由機械推動，可載人	

註：MTOW=Maximum Take Off Weight（最大起飛重量）；MW=Maximum Weight（最大重量）。

不同的航空產品有不同的適航標準，在國際上以FAA及EASA所訂定的適航標準最為完備、最具有公信力，故民航局多依循美歐的標準來審查；當然民航局也可制定本國適用的適航標準。不論是民航局制定或採用外國標準，其法源是來自《民用航空法》下列規定：

第23條　航空產品與其各項裝備及零組件之設計、製造、性能、操作限制、飛航及維修資料等事項之標準，由民航局定之。國際間通用之適航標準，適於國內採用者，得經民

航局核定後採用之。

航空產品與其各項裝備及零組件之檢定業務，民航局得委託其他機關、團體、個人辦理，受委託者之資格、責任、監督及其他應遵行事項之辦法，由交通部定之。

上述條文第二項授權交通部訂定子法，因此《航空產品與其各項裝備及零組件檢定委託辦法》第1條便明載：「本辦法依《民用航空法》第二十三條第二項規定訂定之。」

總之，初始適航落實在TC、STC這兩個設計方面的檢定證，以及PC、PMA、TSOA這三個製造方面的許可證或核准書，並以AC來呈現形式上的適航。

 ## 第三節　持續適航

本書講到這裡，一直沒有針對「維修」（或「維護」）一詞好好地說明。在民航界，所謂「維修」（maintenance）是指「*確保航空器持續適航的單項或多項工作組合，包含翻修、修理、檢驗、更換、改裝或缺點改正*」[3]。

在此出現一個重要的名詞「持續適航」（continued airworthiness或continuing airworthiness），這也就是適航的第二個重點：安全。更明確地，ICAO出版的第9760號文件定義「持續適航」是指「*讓航空器、*

---

[3]引用自《國際民用航空公約》第1號附約第1.1節定義，原文為Tasks required to ensure the continued airworthiness of an aircraft including any one or combination of overhaul, repair, inspection, replacement, modification or defect rectification.而在《國際民用航空公約》第8號附約Part II第4節和第6號附約Part I第8.5節的標題都使用continuing airworthiness一詞，因此不論是continued airworthiness或是continuing airworthiness都代表相同意思。

發動機、螺旋槳或零件在其使用壽命當中，符合適航要求並維持在安全操作狀況的一整套程序」[4]。

在ICAO出版的第9760號文件當中，定義了下列幾份重要文件：

- 強制持續適航資訊（mandatory continuing airworthiness information，簡稱MCAI）——是指「爲了改裝、零件更換，或爲了航空器安全操作所做的航空器檢查、操作限制和程序的修正，所採用的強制規定。（本公約）簽約國以適航指令來發布此類資訊」[5]。此處提到的適航指令（airworthiness directives，簡稱AD），將在下一節單獨說明。另外，ICAO出版的第9760號文件第3編第9章第9.9.1.1項、第4編第4章第4.9.1.1項、第5編第6章第6.9.1.1項都提到，MCAI除了適航指令外，還可能包含強制技術通報（mandatory service bulletin）和緊急技術通報（alert service bulletin）。

- 主最低裝備需求手冊（master minimum equipment list，簡稱MMEL）——在本國《航空器飛航作業管理規則》第2條第35款定義爲「指航空器設計國民航主管機關針對該航空器核定之裝備中，如單項或多項裝備無法運用時，按特定之操作情況、限制及程序得以飛航之手冊」[6]。這代表MMEL由航空器設計人

---

[4] 原文爲The set of processes by which an aircraft, engine, propeller or part complies with the applicable airworthiness requirements and remains in a condition for safe operation throughout its operating life.

[5] 原文爲The mandatory requirements for the modification, replacement of parts, or inspection of aircraft and amendment of operating limitations and procedures for the safe operation of the aircraft. Among such information is that issued by Contracting States in the form of airworthiness directives.

[6] 原文爲A list established for a particular aircraft type by the organization responsible for the type design with the approval of the State of Design containing items, one or more of which is permitted to be unserviceable at the commencement of a flight. The MMEL may be associated with special operating conditions, limitations or procedures.

（例如美國波音公司）編寫，再由設計國民航主管機關（例如FAA）審查後核准。

- 最低裝備需求手冊（minimum equipment list，簡稱MEL）——在本國《航空器飛航作業管理規則》第2條第36款定義爲「指航空器使用人依主最低裝備需求手冊及其他特殊情況所訂定之手冊，此手冊之規定不得低於主最低裝備需求手冊之規定，並經民航局核准後使用」[7]。這代表MEL由航空器使用人（例如中華航空公司）編寫，再由使用國民航主管機關（例如CAA）審查後核准。

- 外形差異手冊（configuration deviation list，簡稱CDL）——在本國《航空器飛航作業管理規則》第2條第37款定義爲「指航空器使用人依航空器飛航手冊及其他特殊情況所訂定之手冊，當航空器之外形或蒙皮故障或毀損時，按特定之操作情況、限制及程序，得以繼續飛航之規範，該規範於經民航局核准後使用」[8]。此處雖然指出CDL由航空器使用人（例如中華航空公司）來訂定，但由於航空器設計人（例如美國波音公司）提供的航空器飛航手冊（aircraft flight manual，簡稱AFM）其實包含了原始CDL，且因AFM已被設計國民航主管機關（例如FAA）核准，故原始CDL也被設計國民航主管機關核准。航空器使用人訂定的CDL同樣要由使用國民航主管機關審查後核准。

---

[7]原文爲A list which provides for the operation of aircraft, subject to specified conditions, with particular equipment inoperative, prepared by an operator in conformity with, or more restrictive than, the MMEL established for the aircraft type.

[8]與ICAO出版的第9760號文件稍微不同，原文爲A list established by the organization responsible for the type design with the approval of the State of Design which identifies any external parts of an aircraft type which may be missing at the commencement of a flight, and which contains, where necessary, any information on associated operating limitations and performance correction.

・維護計畫（maintenance programme）——是指「敘述特定的定期維護任務及其完成頻率與相關程序，例如可靠度計畫，是為了航空器安全操作所需的文件」[9]。

之所以會有MEL（或MMEL）和CDL，都是因為航空器在設計時已經包含了額外的餘度（extra redundancy），故安全程度是足夠的。即使有系統、儀表和裝備失效，或是欠缺某些次要零件，使得安全性降低、性能變差，但若此失效或零件欠缺所造成的影響並不嚴重，航空器仍然可以操作[10]。兩者的差別在於MEL（或MMEL）規範的對象是比如無線電、發電機、燃油泵、液壓泵、照明燈、APU這類型的組合件，CDL規範的對象是比如整流罩、靜電刷（static discharger）這類型的次要零件。無論如何，MEL（或MMEL）和CDL都是民航維修人員在簽放飛機經常閱讀的重要文件。

除了上述幾份重要文件之外，ICAO出版的第9760號文件第5編第2.8節還說明了維護委員會（Maintenance Review Board，簡稱MRB）的運作情形。

MRB的主要功能是協助航空器設計人和使用人建立初始的維護計畫，並取得設計國民航主管機關的核准。MRB會提交一份報告書，稱為MRB Report。這份報告書將成為航空器使用人編寫自訂維護計畫的基礎（最低標準）。透過航空器使用人的操作經驗，以及使用國民航主管機關的審查，維護計畫可能包含額外的維護要求，來確保維護計畫是安全且有效的。

同時，ICAO出版的第9760號文件第3編第7.3.2.1項也提到，航空

---

[9]原文為A document which describes the specific scheduled maintenance tasks and their frequency of completion and related procedures, such as a reliability programme, necessary for the safe operation of those aircraft to which it applies.
[10]詳見ICAO出版的第9760號文件第5編第2.9.3.3項和第2.9.4小節。

器使用人在編寫自訂維護計畫時，可參考MRB Report、設計人提供的維護計畫書（maintenance planning document，簡稱MPD）和維護手冊。

MRB Report和MPD的細節已經超出本書的範圍，有興趣的讀者可參考筆者在碩士班讀書期間所寫的一篇文章〈民航維修觀念的演進——由MSG-1至MSG-3的經驗革新〉，刊登在民國88年6月《航太通訊》第34期第49至51頁。

無論MRB Report和MPD，都與航空器使用人自訂的維護計畫有關。《國際民用航空公約》第6號附約第1編第8.3節要求航空器使用人將一份維護計畫送交註冊國民航局核准，且要遵守人為因素原則。因此《航空器飛航作業管理規則》第141條第四項和第269條第四項要求「航空器使用人應訂定維護計畫，報請民航局核准後，據以執行各種維護工作」，且這兩條的第五項都規定「航空器維護能力手冊及維護計畫之規劃及實施應符合人為因素原則」。因為這個由航空器使用人自訂的維護計畫，其目的在確保航空器的持續適航，故通常稱為CAMP（Continuous Airworthiness Maintenance Program，持續適航維護計畫）。

總之，持續適航藉由民航主管機關審查MRB Report和MMEL、發布AD，設計人提供MPD、維護手冊等文件，以及航空器使用人編寫MEL和CDL、CAMP等文件，交由MRO執行來確保實質上的適航。

第四節　適航指令

在本章第一節提到，由《民用航空法》第14條第一項第3款可知，若航空器在實質上「不合適航安全條件」，則適航證書失效。但什麼情況才算不合適航安全條件呢？詳細的規定在《航空產品與其

圖4-1　維修人員正在更換受損的雷達罩以確保持續適航

各項裝備及零組件適航維修管理規則》第19條第二項「航空器有下列
情事之一者，為不合於適航安全條件：一、經民航局或委託之機關、
團體檢查認定不符合原檢定時之適航標準。二、不依規定妥善維修，
致航空器不能安全飛航者。三、逾期執行或未執行民航局或原設計國
民航主管機關通告之適航指令。四、未經民航局核准，自行改變航空
器用途、性能、特性。五、連續停用逾九十日。但因維修者，不在此
限。」

　　其中第3款所指的適航指令，是airworthiness directives（簡稱AD）
的中譯。在國際上，ICAO出版的第9760號文件定義AD是指「當航空
產品存在不安全情況，且這個不安全情況也有可能存在於或擴及到
其他相同設計的航空產品上，由民航主管機關所發布的官方文件。
這份文件會敘述若要繼續使用此航空產品就應強制實施的改正行動、

狀況或限制。適航指令是第8號附約所述強制持續適航資訊的常見形式」[11]。

　　一般來說，AD是由設計國的民航主管機關來發布，但在某些情況，其他國家也可發布AD，例如本國AD編號CAA-2019-03-007[12]就是在設計國並未發布AD時，就由民航局下令自2019年3月14日台北時間下午7時正，停止任何B737-8和-9飛入、飛越、飛出本國，並同時停止操作B737-8和-9的飛航計畫申請。

　　另外，依據美國聯邦航空法規（FAR，相當於本國《中央法規標準法》所指的命令）第39編[13]，當FAA認為航空產品(1)有不安全情況，且(2)此不安全情況可能存在或發生於相同設計的其他產品，就會以適航指令的方式要求航空產品使用者執行檢查、改裝或改變操作程序。

　　因此，基於ICAO出版的第9760號文件和FAR第39編，本國民航法規在《航空產品與其各項裝備及零組件適航檢定管理規則》第2條第12款定義「適航指令：指由民航局或其他國家適航主管機關，於航空產品與其各項裝備及零組件可能存在影響飛航安全之因素，或其他相同型別之航空產品與其各項裝備及零組件亦可能發生類似情形時，通告航空器所有人或使用人應進行必要措施之指令」。並於《航空產品與其各項裝備及零組件適航維修管理規則》第28條第一項要求「航空器

---

[11]原文為A regulatory document which identifies aeronautical products in which an unsafe condition exists, and where the condition is likely to exist or develop in other aeronautical products of the same type design. It prescribes mandatory corrective actions to be taken or the conditions or limitations under which the aeronautical products may continue to be operated. The AD is the common form of mandatory continuing airworthiness information mentioned in Annex 8.

[12]網址https://www.caa.gov.tw/FileFlightInstruction.ashx?fiad=CAA-2019-03-007。

[13]航空界習慣將FAR的Part稱為「部」，但筆者因擔任過公務員，故本書中文翻譯遵守行政院於民國92年7月3日院臺規字第0920086471號函核定的法規名稱英譯統一標準表而稱為「編」。

所有人或使用人應遵守民航局或航空產品與其各項裝備及零組件設計國之民航主管機關所通告之適航指令，並採取必要措施」。

適航指令的內容將在本書第七章第九節進一步舉例說明。

總之，適航指令的目的是改善不安全的航空產品，一旦逾期執行或未執行適航指令，將使航空產品處於不安全的狀態，便不合於適航安全條件。

第五節　本章小結

適航是整個民航界至今能夠達到足夠安全程度的一大關鍵。若有失事調查結果顯示適航標準不夠安全，就會記取教訓，提升適航標準，以避免再度發生飛安事故。

本章介紹了初始適航和持續適航的觀念。設計人和製造人需要為初始適航負責，為所有人和使用人提供足夠安全的航空器。而所有人和使用人也有責任確保持續適航，壓低故障率、提升可靠度。當然，這不是說設計人和製造人就不必為持續適航負責，因為所有人和使用人需要足夠的文件來擬定自己的維護計畫。而且，所有人和使用人若能適當地回饋維修經驗給設計人和製造人，對於初始適航也會有所助益。

所以，雖然習慣上把適航區分成初始適航和持續適航，但本質上，適航是初始適航和持續適航合為一體的，不容易明確切割。扮演初始適航角色的設計人和製造人，與扮演持續適航角色的所有人和使用人，在世界舞台上共同演出，才是一齣令人讚賞的好戲。

本章摘要

＊適航包含了設計和製造、安全兩大主軸。

＊在民航主管機關的業務區分上，初始適航以設計（連同製造）為主，持續適航以安全為主。

＊對於具體的適航證書來說，新飛機出廠時獲得的第一次適航證書主要偏向於設計和製造。當適航證書到期，或不符合安全條件時，先前民航局核發的適航證書就屬無效。

＊初始適航落實在TC、STC這兩個設計方面的檢定證，以及PC、PMA、TSOA這三個製造方面的許可證或核准書，並以AC來呈現形式上的適航。

＊維修是指「確保航空器持續適航的單項或多項工作組合，包含翻修、修理、檢驗、更換、改裝或缺點改正」。

＊持續適航是指「讓航空器、發動機、螺旋槳或零件在其使用壽命當中，符合適航要求並維持在安全操作狀況的一整套程序」。

＊持續適航藉由民航主管機關審查MRB Report和MMEL、發布AD，設計人提供MPD、維護手冊等文件，以及航空器使用人編寫MEL和CDL、CAMP等文件，交由MRO執行來確保實質上的適航。

＊適航指令的目的是改善不安全的航空產品，一旦逾期執行或未執行適航指令，將使航空產品處於不安全的狀態，便不合於適航安全條件。

問題思考

➢為什麼可以依據MEL讓飛機帶著故障飛出去？一般人能夠接受
這種觀念嗎？

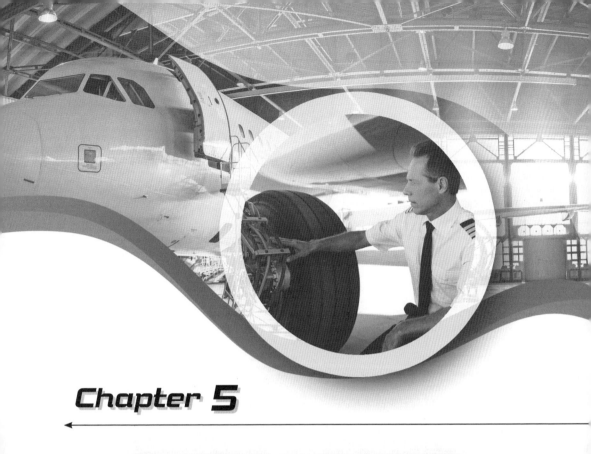

Chapter 5

常用普通工具和特種工具

本章將介紹各種常用普通工具和特種工具的名稱、用途、注意事項，目的是讓讀者瞭解常用普通工具和特種工具對民航維修的助益。

 # 第一節　概　述

螺栓（bolt）又稱螺桿，一般要配合螺帽（nut）才能鎖緊。若不需要螺帽就可鎖緊的，一般稱為螺釘（screw）。如果不確定是螺栓或螺釘，有時候會廣泛地稱為螺絲。螺釘、螺栓和螺帽都屬於扣件（faster）。

一般來說，都是順時鐘方向鎖緊扣件、逆時鐘方向鬆開扣件，但極少數狀況會遇到「反牙」（left-handed thread），也就是逆時鐘方向鎖緊扣件、順時鐘方向鬆開扣件。

安裝扣件時，通常先以手帶上，以避免錯牙。當徒手力量無法帶動扣件時，可使用扳手、解錐、套筒等工具來鎖緊。以工具施力時，會以交錯方式鎖緊扣件。

拆裝氧氣系統的零件時務必使用乾淨工具，不得沾有油污，以免發生爆炸。

 # 第二節　機械用途

一、扳手

扳手（wrench）是相當常用的工具，常見的型式有雙頭開口扳手（double open wrench，**圖5-1**）、雙頭梅花扳手（double box wrench，

圖5-2），或一頭開口、一頭梅花的梅開扳手（box-open wrench，圖
5-3）。梅花扳手又稱圓框扳手，內部是六個角（6 points）或十二個角
（12 points）。

圖5-1 雙頭開口扳手

圖片來源：*Proto Aviation Hand Tool & Storage Solutions*，第144頁。

圖5-2 雙頭梅花扳手

圖片來源：*Proto Aviation Hand Tool & Storage Solutions*，第142頁。

圖5-3 梅開扳手

圖片來源：*Proto Aviation Hand Tool & Storage Solutions*，第125頁。

通常會用梅花扳手、套筒、搖弓或棘輪來拆裝扣件，而把開口
扳手拿來拆裝管路，但若因空間不足無法把梅花扳手套入扣件時，也
可使用開口扳手，但要小心地緊貼扣件外尺寸，避免把扣件的六角或
十二角磨圓。雖然幾乎全部扣件都是順時鐘方向鎖緊，但若使用扳
手裝扣件時發現一直無法鎖進螺孔，可先取出扣件，判斷螺紋是正牙
（即順時鐘方向鎖緊扣件）還是反牙（即逆時鐘方向鎖緊扣件）。

使用扳手的原則就是要讓工具穩固地轉動扣件。建議以下列五個

原則來選擇適當的扳手：

1. 扳手的內尺寸要和扣件的六角或十二角外尺寸一致。扳手內尺寸太小，無法套住扣件外尺寸。扳手內尺寸太大，容易把扣件的六角或十二角磨圓，造成下次拆裝時有困難。

2. 有時候公制和英制的尺寸只差一點，因此有人會直接拿英制扳手來轉動公制扣件，或用公制扳手來轉動英制扣件。這樣的用法應嚴格禁止，因為如同前述，較大的扳手尺寸容易把扣件的六角或十二角磨圓。

3. 梅花扳手比開口扳手有更確定的內尺寸，故在扣件被鎖得很緊時，建議優先使用梅花扳手來鬆開扣件。

4. 但因為梅花扳手必須向上才能離開扣件重新轉動，不像開口扳手可以直接外移就可離開扣件，所以一旦梅花扳手已經鬆開扣件，開口扳手可能會更容易使用。反之，安裝扣件時，一開始可以先用開口扳手，最後鎖緊扣件時再用梅花扳手，然後以扭力扳手上到足夠磅數。

5. 由於活動扳手（adjustable wrench）的開口容易滑動而無法保持固定的內尺寸，故不建議使用活動扳手來鬆開或鎖緊扣件。一旦活動扳手的內尺寸滑動而變大，如同前述，容易把扣件的六角或十二角磨圓。只有在沒有其他扳手（開口、梅花、梅開扳手）可用的緊急情況才能拿出活動扳手來用[1]。

使用扳手拆裝扣件的方法如下：

---

[1] 引用自 *Aircraft Basic Science* 第7版（1996），第252頁，An open-end adjustable wrench is shown in Figure 11-41. This wrench should be considered as an "emergency" tool and should not be used unless other types of wrenches are not available.

1. 安裝時，先用手指帶緊扣件，以手指的觸覺來感受是否讓扣件順著螺牙鎖進螺孔。若剛開始就無法用手指的力量把扣件帶進去，可能是沒把扣件對準螺孔，要退出扣件重新裝入螺孔。確定徒手把扣件帶進螺孔一段距離後，感覺手指無法轉動扣件，再用扳手來加強施力。

2. 有螺帽時，螺栓和螺帽兩邊都要各用一隻梅花扳手對撬套著以免空轉。

3. 使用扳手時，要完全套住扣件，並保持平正，以免不慎滑動扳手時傷及扣件邊緣。

4. 應朝本人的方向扳動扳手時，切勿向外施力。因為扳手突然與工件脫離，人會往前衝，因此很容易受傷。

5. 拆卸時，若轉動扳手有脫開的情況，應調整用力姿勢，重新套入扳手，或用手指垂直壓住扳手，再慢慢轉動。若還是會滑脫，可試著用後續介紹的搖弓和套筒來代替扳手。

6. 拆裝發現轉動困難時，切勿用力過度轉動扳手。用力過度轉動扳手，可能會把螺栓扭斷。

7. 上緊時，要改用扭力扳手來為扣件上到正確扭力範圍。如果扭力值不大時，也可用梅花扳手，但要注意手的力道不要過度。

由於扳手通常都很堅固，有人會把扳手當成榔頭（又稱錘子，hammer）來敲擊物品，這是錯誤的用法，絕對要避免。

二、解錐

解錐（screw driver）又稱解刀或螺絲起子、螺絲刀，顧名思義就是用來拆裝螺絲的工具。常見的型式有一字（flat tip或keystone）解錐（圖5-4）、十字（phillips）解錐（圖5-5），前者用於拆裝一字頂槽的

圖5-4　一字解錐

圖片來源：*Proto Aviation Hand Tool & Storage Solutions*，第158、159頁。

圖5-5　十字解錐

圖片來源：*Proto Aviation Hand Tool & Storage Solutions*，第158、159頁。

螺絲（簡稱一字螺絲），後者適用於拆裝十字頂槽的螺絲（簡稱十字螺絲）。一般所說的螺絲，可能是指螺栓或螺釘，依是否需要螺帽而定。

如果需要配合螺帽時，除了使用解錐，還要用扳手固定螺帽以免空轉。

一字解錐有大小不同的尺寸，建議以下列三個原則來選擇適當的尺寸：

1.一字解錐的刀口厚度要和一字頂槽的寬度相近。薄的一字解錐雖然可以插入較寬的一字頂槽，但容易損壞一字解錐，不建議這樣使用。厚的一字解錐難以插入較窄的一字頂槽，即使可以勉強插入一字頂槽，也容易造成一字頂槽的損傷。

2.一字解錐的刀口寬度要和一字頂槽的長度相近。太窄的一字解錐雖然可以拆裝短頂槽的一字螺絲，但可能要很費力才能轉動螺絲，不建議這樣使用。太寬的一字解錐，容易在鎖緊沉頭螺

絲時，傷及螺孔的沉頭邊緣。

3.在不妨礙手部動作的情況下要用較短的一字解錐。太長的一字
解錐容易因為施力偏移而傷及一字頂槽。

使用一字解錐裝上一字螺絲的方法如下：

1.先用手指帶緊螺絲，以手指的觸覺來感受是否讓螺絲順著螺牙
鎖進螺孔。若剛開始就無法用手指的力量把螺絲帶進去，可能
是沒把螺絲對準螺孔，要退出螺絲重新裝入螺孔。確定徒手把
螺絲帶進螺孔一段距離後，感覺手指無法轉動螺絲，再用一字
解錐來加強施力。

2.把一字解錐的刀口垂直對正一字頂槽，手垂直壓緊解錐，使其
抵住螺絲避免刀口鬆脫。

3.轉動一字解錐來鎖緊螺絲。發現轉動困難時，切勿用力過度轉
動一字解錐來鎖緊，要改用扭力扳手來為螺釘或螺栓上到正確
扭力範圍。用力過度轉動一字解錐，可能會把一字螺絲扭斷。

使用一字解錐拆下一字螺絲的方法如下：

1.先把一字解錐的刀口垂直對正一字頂槽，手垂直壓緊解錐，使
其抵住螺絲避免刀口鬆脫。剛開始鬆開螺絲時，若不頂住螺
絲，容易發生滑牙。

2.轉動一字解錐時，若發現無法壓緊一字解錐，刀口會滑出一字
頂槽，應調整用力姿勢，重新插入一字解錐，垂直頂住螺絲，
再慢慢轉動一字解錐。若還是會滑牙，可試著用下一項介紹的
搖弓來代替解錐。

3.一字螺絲鬆開後，可改用手指轉動，以便螺絲完全鬆脫時，能
用手取下。若活動空間太小而不方便使用手指轉動，可繼續用一
字解錐鬆開一字螺絲，但要小心別讓完全鬆脫的螺絲掉落地面

或機件縫隙；也可在地面放置軟墊，當螺絲掉落時不會滾太遠且容易找到。

十字解錐的選擇原則和使用方法與一字解錐相似，故不再贅述。只特別提醒一件事，有人會把一字解錐當成十字解錐來拆裝十字螺絲，這種做法並不正確。十字螺絲就是要用十字解錐來拆裝，如果勉強使用一字解錐來拆裝，容易因為一字解錐的刀口與十字頂槽不夠貼合而滑牙。

三、搖弓

搖弓（speed handle，**圖5-6**）是非常方便的機械工具，利用手的繞圈動作，可加快拆裝扣件的動作。此外，因為可用力施在搖弓上，鎖得很緊的扣件也不容易滑牙。所以，在空間足夠的情況下，用搖弓來拆裝扣件是一個好方法。

使用搖弓拆卸扣件時，應抵住扣件再轉動搖弓拆卸，若未抵緊造成扣件滑牙，將會事倍功半。

圖5-6　搖弓

圖片來源：*Proto Aviation Hand Tool & Storage Solutions*，第60頁。

四、套筒

搖弓只是一個提供施力的手把，真正鎖緊或鬆開扣件的裝置是套筒（socket，圖5-7）。套筒通常可接在搖弓上，旋轉搖弓時就會旋轉套筒，使其鎖緊或鬆開扣件。

圖5-7　套筒

圖片來源：Proto Aviation Hand Tool & Storage Solutions，第85頁。

配合扣件的套筒內部可能是六角（圖5-7左）或十二角（圖5-7右），可以把套筒視為梅花扳手的另一種類型。因此選擇套筒的原則如同扳手的前三個原則所述，不再重複說明。

有時候螺栓的桿身比較長，一般長度的套筒無法套住螺帽，這就需要使用長度較長的深套筒（deep socket）。

使用套筒配合搖弓或手柄（hinge handle，圖5-8）時，要把套筒垂直套住扣件，用手扶穩後再轉動。

圖5-8　手柄

圖片來源：Proto Aviation Hand Tool & Storage Solutions，第60頁。

五、棘輪

棘輪（ratchet）又稱拉拉、咔哩咔哩，這項工具在一方向轉動時可施力，但在另一方向轉動時無法施力。棘輪有兩種型式，一種本身就是梅花扳手（**圖5-9**），稱為ratcheting box wrench，另一種則要配合套筒使用（**圖5-10**）。

原則上，由於棘輪內部構造是齒輪，故建議先用扳手、搖弓或手柄來將鎖得很緊的扣件鬆開，再用棘輪來轉動扣件，以免傷害棘輪裡面的齒輪。

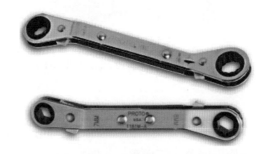

圖5-9　棘輪梅花扳手

圖片來源：*Proto Aviation Hand Tool & Storage Solutions*，第140頁。

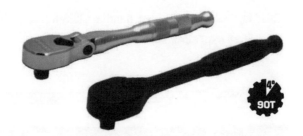

圖5-10　配合套筒使用的棘輪（90齒、每齒轉4度）

圖片來源：*Proto Aviation Hand Tool & Storage Solutions*，第56頁。

在一般情況下，要拆卸扣件時，逆時鐘方向轉動棘輪可對扣件施力，使扣件鬆開，但順時鐘方向轉動棘輪則不會施力，可將棘輪手柄轉回繼續施力的位置。要安裝扣件時，順時鐘方向轉動棘輪可對扣件施力，使扣件鎖緊，但逆時鐘方向轉動棘輪則不會施力，可將棘輪手柄轉回繼續施力的位置。若遇到反牙情況，棘輪使用方法就是相反。

六、鉗子

鉗子（plier）的種類很多，常見的有魚口鉗（slip-joint plier）、斜口鉗（cutting plier或cutter）、平口鉗（duckbill plier）、尖嘴鉗（chain nose plier）、猴頭鉗（locking plier或vise-grip plier）、管頭鉗（cannon plug plier）、快速保險鉗（safety wire twister plier）。

魚口鉗（**圖5-11**）又稱鯉魚鉗，用在較大的空間夾住東西。較強的咬合力適合用來夾緊工件或彎曲金屬。

圖5-11　魚口鉗

圖片來源：Snap-on Industry Brands工具型錄，第40頁。

斜口鉗（**圖5-12**）用來剪斷東西，故又稱為剪鉗；例如剪一段長度足夠的保險絲（safety wire）來打保險。使用斜口鉗剪斷保險絲或開口銷尾端時，一定要讓缺口朝下，並用手遮掩住斜口鉗的缺口，以免

剪下的保險絲或開口銷尾端傷到眼睛。剪未纏繞的保險絲時，也要把
保險絲兩頭拉住再下手剪斷。

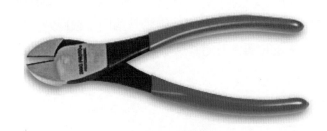

圖5-12　斜口鉗

圖片來源：*Proto Aviation Hand Tool & Storage Solutions*，第164頁。

　　平口鉗（**圖5-13**）又稱鴨嘴鉗或扁嘴鉗，是咬合力適中的夾持工
具，雖不像魚口鉗有強大的咬合力，但也較不會傷害東西。在不能使
用快速保險鉗的情況下，可用平口鉗來施力拉緊保險絲。

圖5-13　平口鉗

圖片來源：Snap-on Industry Brands工具型錄，第41頁。

　　尖嘴鉗（**圖5-14**）用在狹小的空間夾住東西。因為接觸面積較小
的緣故，咬合力較弱，需要較大施力時就不好使用。安裝開口銷（split
pin，又稱cotter pin）時，可用尖嘴鉗把穿過孔洞的兩隻腳掰開。

圖5-14　尖嘴鉗

圖片來源：Snap-on Industry Brands工具型錄，第41頁。

　　猴頭鉗（**圖5-15**）又稱老虎鉗，具有最強大的咬合力。手把上有一圓型螺桿鈕可調整鉗口張開的大小，再用力夾緊，就可把物件固定住。按下手把中間的小片，就可以鬆開鉗口。當扣件無法鬆開時，可以用猴頭鉗夾緊扣件，用力把扣件轉鬆，但不允許再次使用這個扣件，因為其外緣六角或十二角已經被嚴重破壞。

圖5-15　猴頭鉗

圖片來源：Snap-on Industry Brands工具型錄，第43頁。

　　管頭鉗（**圖5-16**），鉗口有膠墊來保護被夾持的工件（例如電氣接頭）而不會夾傷。

圖5-16　管頭鉗

圖片來源：*Proto Aviation Hand Tool & Storage Solutions*，第164頁。

　　快速保險鉗（**圖5-17**）專門用來拆裝保險絲，兼具斜口鉗剪切、平口鉗夾持的優點。雖然使用方便，但有時會讓保險絲受損，因此民航局實作考試時，不建議使用快速保險鉗，而盡量使用斜口鉗剪斷保險絲、用平口鉗拉緊保險絲。

圖5-17　快速保險鉗

圖片來源：*Proto Aviation Hand Tool & Storage Solutions*，第166頁。

七、內六角扳手

　　內六角扳手（hexagon key，**圖5-18**）簡稱六方棍（hex key），由於Allen公司對這產品註冊了商標，因此也叫艾倫扳手（Allen wrench）。

圖5-18　內六角扳手

圖片來源：*Proto Aviation Hand Tool & Storage Solutions*，第160頁。

　　大部分扣件的六角都在外緣，但某些扣件的六角是在內面，因此無法用本節第一項介紹的扳手來拆裝，這時候就需要使用內六角扳手。使用方法就是把正確尺寸的內六角扳手任一端插入扣件內面六角孔中，再抵住扣件轉動內六角扳手。

 # 第三節　電氣用途

一、三用電表

　　三用電表（multimeter）是最常用的電氣工具，通常用來測量電壓、電流、電阻，故中文稱為三用電表。事實上，某些三用電表也可用來測量頻率，因此，不一定真的只有三種用途而已。通常把三用電表依其指示方式，分成指針式（**圖5-19**左）和數位式（**圖5-19**右）兩種。

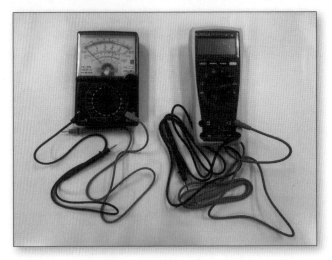

圖5-19　三用電表——指針式（左）、數位式（右）

　　以下所述只是常見的使用方法，不保證適用於全部的三用電表。使用三用電表前，建議閱讀使用手冊或使用說明，以便正確使用而不會損壞三用電表。

　　使用三用電表的流程通常是：(1)將紅黑兩根探棒（probe）和導線連接到三用電表；(2)選擇直流電或交流電和適當檔位以便測量；(3)若要用嗶嗶檔位來檢查電路導通性（continuity），則先讓紅黑兩根探棒接觸（短路），確認三用電表可發出嗶嗶聲；(4)若是使用指針式三用電表測量電阻前，要先把紅黑兩根探棒接觸（短路），以便把歐姆值歸零；(5)把三用電表接上被測量的電路或取出電阻器單獨測量。

　　早期的三用電表是指針式（**圖5-19**左），必須配合選擇檔位仔細查看刻度，較為麻煩；目前越來越多人使用數位式三用電表（**圖5-19**右），直接讀取顯示讀數即可，較為方便。指針式的三用電表有一個特點就是一定要正確連接電路的正負極，一旦正負極接錯，不僅無法測量，還會反方向偏轉而可能讓指針斷掉。數位式三用電表若是接錯正負極，只是讀數出現負號，還不致於無法測量或傷害三用電表。另

一個使用指針式三用電表的注意事項是測量電阻值時，只要換到不同的檔位就要讓指針重新歸零。

　　習慣上，會把黑色探棒和導線連接到三用電表的COM端，紅色探棒和導線則必須按照使用場合很小心地連接到正確位置，例如連接到V/Ω位置用於測量電壓或電阻或檢查電路導通性，或是連接到10A位置來測量較高電流、連接到400mA位置來測量較低電流。這是因為大多數三用電表裡面都有保險絲，例如規格11A保險絲位於最大10A測量電路中、450mA保險絲位於最大400mA測量電路中，當測量電流過大時，保險絲會燒斷以保護三用電表不被大電流燒壞。因此，若先把紅色探棒和導線連接到400mA位置，完成測量工作後要再接著測量好幾安培的大電流，千萬記得要把紅色探棒和導線換到10A位置，以免超過400mA的大電流把450mA保險絲燒斷。

　　選擇三用電表的檔位時，要先判斷測量值是直流電或交流電，以及其可能範圍，例如預估被測量的電壓大概就在110V AC附近而不會是220V AC，就可把檔位選在200V AC。如果使用指針式三用電表，又難以判斷測量值的範圍，建議把檔位選在最高檔位，再依測量結果降低檔位，例如先從200V DC電壓檔位開始測量，再縮小到2V DC檔位，使得測量結果更準確。但若使用可自動調整測量範圍的數位式三用電表，就不必煩惱這個問題。

　　測量電流時，記得要與電路串聯，以免有高安培數電流通過三用電表，超過保險絲的電流上限而燒斷保險絲。測量電壓時，記得要與電路並聯。測量電阻時，若用指針式三用電表，記得要讓被測量的電阻器獨立連接三用電表，且只要更換歐姆檔位就應把指針重新歸零。

二、剝線鉗

　　電線的外表是一層絕緣材料，避免可以導電的銅心任意與外界導

體接觸而短路。當我們連接電線時，往往需要去除一小段絕緣材料露
出銅心，這時候應使用剝線鉗（wire stripper，**圖5-20**），而不是用剪
刀或美工刀來剝掉絕緣外皮。

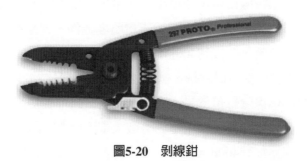

圖5-20　剝線鉗

圖片來源：*Proto Aviation Hand Tool & Storage Solutions*，第166頁。

剝線鉗的開口標示著多個AWG線號（如**圖5-21**），把需要剝除絕
緣外皮的電線插入正確的AWG孔內，用力夾緊剝線鉗，就可把絕緣外
皮切斷，但不會傷及裡面的銅心。再把切斷的絕緣外皮拉開，留下的
就是裸露銅心。

圖5-21　剝線鉗使用方法

圖片來源：Clifford A. Popejoy所著*Stanley Easy Home Wiring Repairs*，第6頁。

三、端子壓接鉗

端子壓接鉗（terminal crimping plier，**圖5-22**）簡稱壓接鉗，用途是在剝線後接上一個端子，使其與其他電線或接頭連接在一起，確保電氣線路導通。

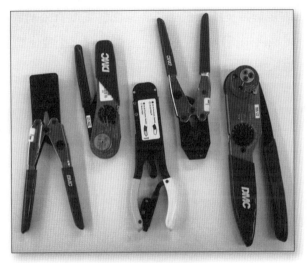

圖5-22 端子壓接鉗

圖片來源：FAA-H-8083-31A，圖9-156。

端子有一個開口，可以讓裸露的銅心插入其中。如果開口過小，銅心會被擠壓受損；如果開口過大，端子和銅心的密合程度不夠，可能會增加電阻，或是更嚴重地讓電線完全脫離端子，形成斷路。因此，使用壓接鉗之前，一定要選擇適當尺寸的端子。

選好正確尺寸的端子後，配合端子標示的顏色，將端子和銅心一起插入壓接鉗對應顏色的孔內，用力夾緊壓接鉗後，端子和電線便能緊密貼合，形成牢固的電氣連接。

第四節　測量用途

一、直尺

　　直尺可說是最常見的測量工具，上面的刻度有公制或英制，如圖
5-23所示。建議使用由鋼製成的直尺，因爲鋼尺不會像塑膠尺那麼容
易帶靜電，且比塑膠尺更爲耐用、不易折斷。

圖5-23　直尺

　　除了測量之外，直尺還有另一個用途，就是在拍照時當作參考
物，以方便識別重要尺寸。

二、游標卡尺

　　另一個常見的測量工具是游標卡尺（vernier scale），可用來測量
長度（或寬度）、厚度、內徑、外徑、深度。舊式的游標卡尺多半需
要仔細查看刻度，較爲麻煩；新式的游標卡尺則有電子顯示功能，直
接讀取顯示讀數即可，更爲方便，如圖5-24所示。

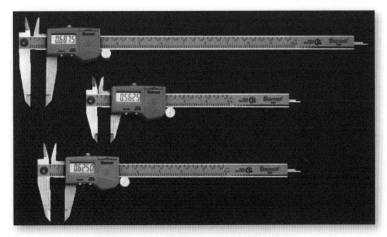

圖5-24　有電子顯示器的游標卡尺

圖片來源：2008年版的FAA-H-8083-31，圖9-41。

　　無論是舊式或新式游標卡尺，都由下列6個部分組成：主尺（barrel，又稱本尺）、副尺（thimble，又稱游尺）、固定量爪、可動量爪、深度桿、鎖緊螺釘。

　　游標卡尺的測量範圍取決於主尺的長度，例如10英吋或15公分。游標卡尺的精度取決於副尺的最小刻度（**圖5-25**），例如0.001英吋或0.02公釐。

　　固定量爪和可動量爪分成外測面和內測面兩部分。當固定量爪和

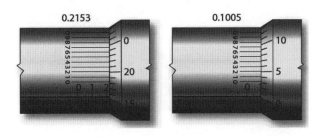

圖5-25　游標卡尺的刻度

圖片來源：FAA-H-8083-31A，圖11-39。

可動量爪對準待測尺寸兩端時，可量出其長度（或寬度）。當固定量爪和可動量爪貼緊待測物品時，可量出其厚度、外徑、內徑。

當深度桿插入待測槽孔時，可量出其深度。至於鎖緊螺釘則是用來固定副尺，使其不再移動。

從庫房領出游標卡尺時，必須確定校驗尚未過期。若已過期就不應使用，歸還補給人員儘快安排送校，再領取另一個校驗未過期的游標卡尺。開始使用前要先把可動量爪靠攏固定量爪，再檢查主尺和副尺的零刻度是否對齊。若不對齊，測量結果就會有誤差。

測量外徑或厚度時，應讓被測量物件盡量靠近主尺並貼緊外測面。測量內徑時，應讓固定量爪、可動量爪的內測面尖端盡量深入物件裡面並貼緊內徑。測量深度時，應讓深度桿與被測量槽孔的底部垂直。

三、厚薄規

一般的厚薄規（feeler gauge，**圖5-26**）又叫千分墊，包含了數片不同厚度的鋼片。例如厚薄規厚度有0.0015、0.0020、0.0030英吋，故可測量最薄0.0015英吋的間隙，也可用來測量0.0035英吋或0.0050英吋的間隙。使用時把各種厚度的鋼片插入間隙內，可以單片或多片，當插入或拔出時感覺有摩擦力，此時單片或多片的厚度就是間隙的大小。

圖5-26　厚薄規

圖片來源：*Proto Aviation Hand Tool & Storage Solutions*，第180頁。

由於厚薄規許多鋼片的厚度很薄，容易被折斷、碰彎或變形，應小心使用。另外，為了避免鏽蝕，通常會在厚薄規各片塗上一層薄薄的防鏽油做為保護塗料。

 ## 第五節　特種工具

一、扭力扳手

維修手冊經常會規定上緊螺栓或螺帽時，要施加適當的扭力，這時候往往需要使用扭力扳手（torque wrench，**圖5-27**）來確保扭力值在正確的範圍內，才不會造成扭力不足（under torque）而使扣件鬆開，或者扭力過度（over torque）而使螺栓斷掉。

圖5-27　扭力扳手

圖片來源：FAA-H-8083-31A，圖7-33。

從庫房領出扭力扳手時，必須確定校驗尚未過期。若已過期就不應使用，歸還補給人員儘快安排送校，再領取另一根校驗未過期的扭力扳手。

使用扭力扳手前，先用一般扳手或套筒鎖緊到相當程度，再用扭力扳手逐漸上扭力。通常是在螺帽上扭力，而不常在螺桿頭上扭力。開始使用扭力扳手時，要先確認打算施加多大的扭力，單位可能是吋磅、呎磅，或牛頓米。當扭力扳手旋轉到所需扭力後，將其鎖定，再

置於將要上扭力的扣件。

　　上扭力時，手要握在指定的扭力扳手手把位置，握太短或握太長都會影響到施加的扭力值。建議向內施力，以免向外施力時手若滑脫，身體會撞到扭力扳手而受傷。

　　以常用的可調整式（adjustable click type）扭力扳手爲例，當扭力扳手達到設定扭力時，就會發出一聲「噠」。習慣上會以「一聲到磅、二聲確認」的原則，讓扭力扳手發出「噠—噠」兩聲。

　　扭力扳手使用完畢後，必須立刻讓扭力設定回到最小值，才能繳回庫房存放。

　　最後，千萬記得扭力扳手只能用來鎖緊扣件，絕對不能用來鬆開扣件。

二、示波器

　　前述提到某些三用電表可測量頻率，但並不是任何三用電表都具備這項功能。因此，當三用電表無法測量頻率時，就需要示波器（oscilloscope）來測量頻率。

　　此外，有時候想要知道信號的波形（waveform），例如想要知道直流電信號是全波整流還是半波整流的結果，就可接上示波器來查看波形，如圖5-28和圖5-29所示。常見的示波器是在室內使用，但也有便攜式示波器（portable oscilloscope）可帶到室外使用，如圖5-30所示。

　　示波器的使用方法較爲複雜，本書不予介紹。建議使用示波器之前，先閱讀說明書或使用手冊，以免操作錯誤而讓示波器受損。

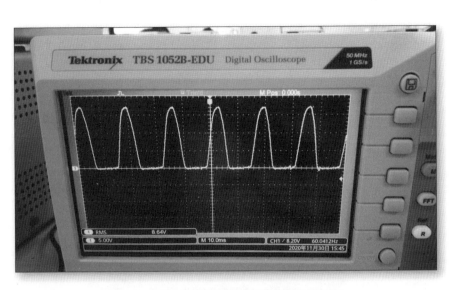

圖5-28　桌上型示波器顯示半波整流的波形

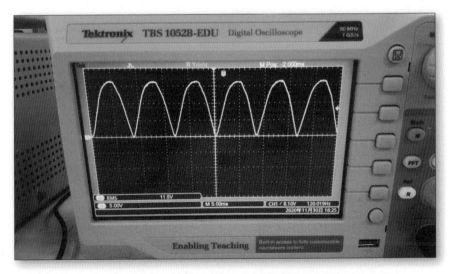

圖5-29　桌上型示波器顯示全波整流的波形

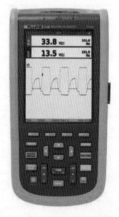

圖5-30　便攜式示波器

圖片來源：*Fluke Product Guide*，第54頁。

 ## 第六節　本章小結

　　《論語》一書記載孔子曾經說過的一句話：「工欲善其事，必先利其器。」

　　從事民航維修工作，最好的朋友就是自己的工具。工具用得很順，做起事來自然帶勁。但若工具不好用，便似乎渾身不對勁。

　　限於篇幅，本章只介紹了三大用途的各種常見手工具，以及兩項特種裝備。未來在職場上，各位讀者還有很多機會接觸到各式各樣的手工具和特種裝備。不同的工具有不同的用途，知道正確使用的方法，才不會把好朋友（工具）弄壞，不會把飛機零件弄壞。

　　或許各位讀者目前還沒有自己的工具，但總有一天，你也會有不少的工具放在自己的工具箱或工具袋內。用久了之後，自然會視為好朋友一般來疼惜、愛護。本章最後，特別提醒大家：收工離開前務必要檢查工具是否齊全，千千萬萬不要把好朋友遺留在飛機上。

本章摘要

＊螺釘、螺栓和螺帽都屬於扣件。

＊使用扳手的原則就是要讓工具穩固地轉動扣件。

＊如果需要配合螺帽時，除了使用解錐，還要用扳手固定螺帽以免空轉。

＊在沒有其他扳手（開口、梅花、梅開扳手）可用時，最後手段才使用活動扳手。

＊使用搖弓拆卸扣件時，應抵住扣件再轉動搖弓拆卸。

＊套筒通常可接在搖弓上，旋轉搖弓時就會旋轉套筒，使其鎖緊或鬆開扣件。

＊使用套筒配合搖弓或手柄時，要把套筒垂直套住扣件，用手扶穩後再轉動。

＊使用斜口鉗剪斷保險絲或開口銷尾端時，一定要讓缺口朝下，並用手遮掩住斜口鉗的缺口，以免剪下的保險絲或開口銷尾端傷到眼睛。

＊當扣件無法鬆開時，可以用猴頭鉗夾緊扣件，用力把扣件轉鬆，但不允許再次使用這個扣件，因為其外緣六角或十二角已經被嚴重破壞。

＊常見的電氣用途手工具有：三用電表、剝線鉗、端子壓接鉗。

＊三用電表的基本功能是測量電壓、電流、電阻。

＊應使用剝線鉗而不是用剪刀或美工刀來剝掉電線的絕緣外皮。

＊使用端子壓接鉗之前，一定要選擇適當尺寸的端子。

＊建議使用由鋼製成的直尺，因為鋼尺不會像塑膠尺那麼容易帶靜電，且比塑膠尺更為耐用、不易折斷。

＊從庫房領出游標卡尺或是扭力扳手時，必須確定校驗尚未過
　期。

＊厚薄規所含某些鋼片的厚度很薄，容易被折斷、碰彎或變形，
　應小心使用。

問題思考

➤請說明如何讀取本章第四節第二項**圖5-25**的游標卡尺刻度。

Chapter 6

民航維修的職場發展

· 天龍八部
· 亞洲航空股份有限公司
· 本章小結

本章將介紹各維修部門和職務，目的是讓讀者瞭解Part 121航空公司的維修組織和Part 145維修廠的業務分工概況，並做為未來從事民航維修工作的職涯規劃。

第一節　天龍八部

一般製造業的生產線觀念是把原始材料（raw material）轉變成最終產品（finished product）。雖然民航維修屬於服務業而不是製造業，但如果按照製造業的這個觀念，一架飛機的維修過程可視為：由未修妥的飛機（原始材料）轉變成已修理且符合適航標準的飛機（最終產品）[1]。

為了完成這樣的一條生產線，一個Part 121的維修組織或Part 145維修廠，就需要八大部門來進行下列的程序：(1)工程；(2)生產計畫和管理；(3)飛機維修；(4)發動機維修和附件維修；(5)品質檢驗；(6)品質保證；(7)物料補給；(8)訓練；在本書稱之為天龍八部。

一、工程

飛機需要定期維修——這已經是民航維修的基本常識。這個簡單的想法，會衍生出五項重要的問題：

1.何時維修？When do we maintain an airplane?

2.誰來維修？Who will maintain an airplane?

---

[1]此觀念來自於Colin G. Drury所寫的'Automation in Quality Control and Maintenance'，這是由CRC Press於2009年出版的 *Automation and Human Performance-Theory and Applications* 其中第19章。

3.如何維修？How do we maintain an airplane?

4.需要多少人力工時來維修？How many men-hours do we need？

5.需要什麼文件、器材、零件、化學消耗品來維修？What documents, equipment, parts and chemical material are required?

第一個問題首先由工程部門來回答。

一個機型在設計階段，就會決定何時要做什麼工作來確保持續適航，於是有了MRB Report和MPD[2]。Part 121維修組織的工程師接著按照這兩份文件和當地民航法規（例如幾年稱重一次）的要求，來寫出一份厚厚的文件稱為CAMP（Continuous Airworthiness Maintenance Program，持續適航維護計畫），再經過民航局核准。通常會在Part 121和民航局之間有不同看法，主要是A check和C check的間隔時間。Part 121在使用飛機幾年後，通常自認已經充分掌握該機型，於是可能想要把A check的間隔由原廠MPD所訂的400飛行小時延長到500飛行小時，大幅增加了25%。但民航局可能覺得一次就增加25%太多，只同意增加5%，由400小時變成420小時。而Part 121又認為增加20小時不痛不癢，至少要延長到450小時才算有感，因而提出許多可靠度管制計畫的資料來證明。所以民航局就必須思考：同不同意延長？若同意延長的話，幅度是多少？當民航局核准新的CAMP後，Part 121就可以據此延長維修間隔來節省維修成本。

配合CAMP，工程部門要準備執行定期維修工作所需的工卡。大多時候原廠提供的維修手冊電腦系統已經具備這方面的功能，可以自動把手冊內容以工卡方式呈現出來，因此通常不是大問題。少數定期維修工作可能源自於本國民航局發布的適航指令（airworthiness directive，簡稱AD）規定的重複性檢查，並不在既有的維修手冊範圍

---

[2]MRB Report和MPD詳見本書第四章第三節。

內，那麼工程部門就要另外編寫重複執行AD檢查的工卡。

對於Part 145維修廠來說，工程部門往往不能決定飛機何時維修，因為這是Part 121航空公司，也就是航空器使用人要做的事。或許Part 145會善意提醒Part 121：兩個月後貴公司的B-12345客機距離上次C check已經15個月，需要進廠來做C check，我們棚廠有空檔可以承接這項業務。但也許Part 121回覆：兩週前我們新版CAMP已通過民航局的核准，C check可以展延到18個月，所以將等到暑假客運旺季過後才進廠做C check。或者Part 121直接回答：因公司政策改變，B-12345將飛到沙漠封存，等到解除封存後再做C check恢復適航。

就大多數Part 145維修廠而言，所屬的工程部門和Part 121航空器使用人會有很大的差異。Part 145維修廠所屬的工程部門可能就只是協助現場維修人員解決技術問題而已，而不會接觸到CAMP的編寫和修訂。

二、生管或修管

原則上，工程部門不會回答第二個問題：「維修工作由誰來執行？」答案是先取決於Part 121航空公司的政策，再由生管或修管部門（以下簡稱PPC）來決定。如果公司的政策是把每日維修、每週維修留在公司裡面執行，那麼PPC就會把這些工作分派給停機線員工。如果公司的政策是把A check和C check外包給Part 145維修廠，那麼PPC就會把這些工作交給委外廠商來執行；很多低成本航空公司（low cost carrier，簡稱LCC，也就是一般俗稱的廉價航空）都是這麼做的。

簡單來說，PPC要負責的業務就是把人、事、時、地、物都安排安當。

當工程部門把CAMP寫好並取得民航局核准後，PPC就要開始安排誰來做這些定期維修工作。最基本的是把包含飛行前檢查（pre-flight check）、過境檢查（transit check）、飛行後檢查（post-flight check，又稱過夜檢查overnight check）分派給各機場的停機線人員，即使這個外站的人數只有一兩個。每週檢查（weekly check）的工作項目稍微複雜一些，通常會分派給人數較多的機場，例如國內的四大站——桃園、高雄、松山、臺中。至於A check和C check，則要看Part 121本身是否被民航局核准實施，也許A check由自己的棚廠人員來執行，而C check則委外給Part 145維修廠執行。這是把事（定期維修）分配給人的部分。

再來是決定哪一天做哪些事？飛行前檢查、過境檢查、飛行後檢查都是每日要做的，每週檢查則是固定每7天要做，這些都沒問題。較需要傷腦筋的是A check和C check，因為通常會由飛行小時和起降次數兩者最早達到的條件來決定，例如A check是飛行500小時或600次起降。一般來說，PPC無法準確地預測到某月某日會是哪個條件先到達。例如每天安排10次起降，每次飛1小時，那麼估計50天之後將要執行下次A check。然而，也許訂位乘客暴增，2天後，公司決定每天飛2次加班機，每日起降次數就由10次變成12次，於是下次A check就提早8天；又飛了30天，起降次數已累積到380次，公司又因訂位乘客驟減，每日起降次數大幅減少到4次，所以一個月後才會達到A check的500小時期限（deadline）。也就是說，原先計畫前後兩次A check是500小時/10每天小時=50天，但實際情況卻是10（小時／日）×2（日）+12（小時／日）×30（日）+4（小時／日）×30（日）=500小時，62天之後才執行下次A check。如果PPC堅持按照原先計畫在第50天執行A check，當時這架飛機只累積了452小時，距離CAMP所定的500小時足足有48飛行小時的落差。這還是比較簡單的情況，實際上加班機可能不是每天都2班，或許今天2班、明天沒有、後天和大後天都是4班，平均每日2.5班。再者，也可能因天氣受影響，目的地機場能見度不佳無法降落，於是10班次在空中盤旋0.5小時，10班次轉降到其他機

場，這些轉降的飛行時間超過了1小時，平均每次起降所用的飛行時數就變得更多，也會提早達到500小時的條件。萬一又有某些因素（例如桃園無停機坪可過夜）必須讓飛機在桃園和松山之間空機飛渡（ferry flight），即使一次起降，但飛行時間可能只有0.2小時，也許反而是更早達到600次起降。所以PPC在管制這些變動條件時，十分仰賴電腦協助計算和預測，才能滿足CAMP的要求。

最後是在何地用何物，也就是回答第五個問題「需要什麼文件、器材、零件、化學消耗品來維修」。高雄可能沒有棚廠，所以需要飛到松山或桃園做A check；或者A check並不需要棚廠，所以飛機留在高雄也沒關係。當然，也要考慮人力足不足夠，包含人數和能力（例如當地無人有RII授權）。決定在哪裡做A check後，要看看當地有沒有做A check所需的器材、零件和化學消耗品。也許項目沒問題，但數量不夠，例如有滑油，但數量1打並不夠，需要再送2打去高雄比較妥當。工卡當然也是需要的物品之一，所以送滑油時順便連同工卡一起運到高雄。

如果是委外做C check，那就更複雜了。例如B-12345按照電腦預估，下個月要去新加坡做C check，但新加坡這家Part 145的棚廠都已經排滿了，沒空間讓B-12345進去棚廠，要嘛讓這架飛機每天多飛幾班，加快起降次數或飛行時數累積的速度，趕在本月底Part 145棚廠有空時先去做C check，不然就是讓這架飛機盡量擺在地上，大幅減少起降次數或飛行時數，來延後C check進廠的時間到兩個月後。

對於Part 145的PPC來說，固然不需要針對客戶的每架飛機進行飛行小時、起降次數和日曆天的預估管理，但需要針對客戶飛機進廠後的時程進行規劃。通常Part 121會要求Part 145一定要在多少天內讓飛機出廠，所以Part 145的PPC要設法滿足客戶的要求，安排這些工作在這麼多天內完成。大致上分為拆卸、清潔後檢查、修理、安裝、接上電力或液壓動力來測試這幾個大階段的順序來排程。這些階段都是

環環相扣，可能會因前一階段的問題而影響到下一階段。例如檢查發現貨艙地板底下的結構鏽蝕情況嚴重，修理所需時間很長，就會延後裝回貨艙地板的日期。或者是安裝無線電天線時才知道所需的化學消耗品已經硬化而不能用來封膠，導致無線電設備測試工作無法如期進行。這時候，PPC就會面臨很大的時間壓力。

所以，雖然PPC不必耗費大量體力來維修飛機，卻要傷許多腦筋來想辦法把人事時地物安排好。

三、飛機維修

一旦公司政策決定把某些維修工作留在公司裡面執行，就需要有人在現場維修飛機，一般是停機線和棚廠人員。這些維修人員比工程部門、生管或修管部門更有資格回答第三個問題「如何維修」和第四個問題「需要多少工時來維修」。

飛機維修人員執行的工作可分成定期維修和非定期維修兩大類，偶爾會加上改裝，因此通常把routine、non-routine、modification[3]三者合在一起講。

定期的飛機維修工作幾乎全都來自於CAMP，這樣子PPC才容易管控，但可能因為某架租機要配合所有人（owner）的特別需求，而會由PPC在CAMP以外做單獨列管。非定期的飛機維修工作絕大多數來自於航空器駕駛員在飛航日記簿（flight logbook）所寫的缺點，少部分來自於客艙組員在客艙日記簿（cabin log）所寫的缺點，以及維修人員在做定期工作所發現的缺點。

例如飛機輪胎並未硬性規定多少次起降就需要更換。當航空器駕

---

[3]ICAO和歐盟習慣用modification，而FAA則慣用alternation，兩者都是「改裝」的意思。

駛員在做360度檢查時發現輪胎狀況不好，就會要求維修人員做非定期維修工作把輪胎換掉。當維修人員自己在過境檢查時發現胎壓不足，也會自動做非定期維修工作爲輪胎充氣。當客艙組員發現廁所馬桶不通時，也會要求維修人員來疏通馬桶。因此，表面上看來CAMP只有幾百項維修工作，但往往這幾百項定期維修還會再衍生出幾千項非定期維修。以目前的科技發展來看，仍然沒辦法大量採用自動化設備來執行非定期維修工作，因此，航空公司或維修廠一直都需要懂得「如何維修」航空產品的技術人力。

改裝的工作有大有小，例如爲了執行技術通報，所以工程部門寫了一份薄薄的工卡，把機上電腦的軟體更新。工時包含使用內建自測（built-in test equipment，簡稱BITE）可能只有10分鐘，器材也可能只有一部筆記型電腦和連接線，更不需要特別的訓練。也可能複雜到要把部分的經濟艙座椅拆下，再裝上商務艙座椅，並加裝客艙娛樂系統。所以工程部門寫了五份厚厚的工卡，預估工時高達20人、1000人

圖6-1　停機線人員正在維修飛機

圖片來源：*Human Factors Guide for Aviation Maintenance and Inspection*，第2頁。

小時（平均每人做50小時），器材包含體積不小的座椅、管理客艙娛樂系統的電腦，以及長達數百公尺的電線。

PPC在派發工卡時，會依個人判斷來預估所需工時。但某些PPC人員的維修經驗並不像停機線和棚廠人員來得豐富，例如對電氣布線並不熟悉，以為把客艙裝潢板拆下再裝上一整捆電線就可完成工作，於是估計人力工時只要2人、8人小時（平均每人做4小時）。卻不知道一大捆電線其實在不同區域必須拆開成數小捆，每小捆再連接到各個航電設備，過長的電線要剪短或在適當位置彎折繞圈，看似簡單的工作，真的做下來兩個人要花一整天8小時。所以停機線或棚廠的領班通常會在開始工作前，先把PPC派發的工卡看過一遍，覺得PPC預估的人力工時不合理時，立刻與PPC溝通，協調出合理的人力工時。因此，「需要多少工時來維修」這個問題並沒有明確的答案，需要PPC與飛機維修人員密切合作才行。

往昔空軍習慣以空軍機校和空軍通校將維修人員分成機械類和航電類兩種專業，但在民航界，尤其是在Part 121航空公司的停機線，並不會如此明確地區分。也就是說，即使你是航空機械系，或是飛機工程系機械組畢業，持有B1.1檢定證，難免會遇到許多航電方面的工作，例如拿三用電表做電氣系統的故障診斷（trouble shooting），然後更換保險絲（fuse），或把斷掉的電線接起來，三不五時就會被電到。即使你是航空電子系，或是飛機工程系航電組畢業，持有B1.1檢定證，也可能要跟著大家一起換輪胎、換起落架、拆地板、鑽油箱，把臉和雙手弄得髒兮兮。因此，不管在學校讀什麼系組，請記得走民航維修這一條路，就是必須跨領域，要同時擁有機械和電機電子兩把刷子才行。

飛機維修人員使用的手冊包含航空器維修手冊（aircraft maintenance manual，簡稱AMM）、分解零件件號冊（illustrated parts catalog，簡稱IPC）、故障診斷手冊（trouble-shooting manual，簡

稱TSM；或fault isolation manual，簡稱FIM）、線路圖手冊（wiring diagram manual，簡稱WDM）、結構修理手冊（structure repair manual，簡稱SRM）……等等，將在下一章各節予以詳細說明。

四、發動機維修和附件維修

即使整架飛機都在公司裡面維修，但發動機和某些附件還是可能交由外包廠商來執行，一則牽涉到維修能力的授權，二則牽涉到建立維修能力是否划算。

發動機的複雜程度不亞於一架飛機，尤其是渦輪發動機。所以需要投資大批人力和裝備設施（例如發動機試車台），卻不見得有好的投資報酬率。

附件的尺寸和複雜規模可大可小，大者例如螺旋槳、起落架、APU，小者例如天線、攻角偵測器、化學氧氣產生器。起落架因為很複雜且對飛航安全很重要，一般的起落架製造商不大願意把維修能力釋放給飛機維修廠來做，而會另設獨立的起落架翻修廠。

可以翻修螺旋槳的Part 145維修廠雖然比較常見，但也不是每個Part 145維修廠都能翻修全部型號的螺旋槳，通常只會翻修數量較多、較常見的螺旋槳型號，否則花了幾百萬美元成本來訓練維修人員並購置所需器材，但每年只接到一組螺旋槳的翻修訂單，營收金額不過幾萬美元，投資金額要花幾百年才可能回本，怎麼會有Part 145維修廠做這種蠢事呢？

因此，在類似的營業與投資成本考量之下，許多Part 121航空公司都不會建立大量附件的維修能力，頂多只是針對輪胎和煞車、鉛酸和鎳鎘電瓶、煮咖啡機和烤箱、客艙座椅、除冰靴、黑盒子（飛航資料記錄器、語音通話記錄器）這些在自己機隊可能需要經常維修的附件，建立基本的維修能力而已。

五、品質檢驗

　　許多維修工作需要用到精密檢驗器材和專業的技能，絕大部分飛機維修人員做不來，因此需要受過訓練的合格人員來進行品質檢驗的工作。

　　品檢工作可分成目視檢驗（visual inspection）和非破壞性檢驗（non-destructive inspection，簡稱NDI）兩大類。

　　飛機維修人員可能會先做一次目視檢查，再請品檢人員來二次確認。例如CAMP要求做客艙地板下方的區域檢驗（zonal inspection），飛機維修人員拆開地板，把地板下方的髒東西和異物清乾淨之後，確定沒有蒙皮裂紋或鏽蝕、管路漏油、電線磨破皮等缺點，再請品檢人員過來買單（buyback），才算完成這項區域檢查工作。RII一定需要品檢人員來買單，但即使不是RII，維修人員也可以請領班或品檢人員幫忙再度確認，以免發生人為失誤。記住，民航維修是一種團隊合作的工作，不希望因為一個人的疏忽而讓整個團隊蒙受飛安事故的後果。

　　NDI的方法包含：液滲（liquid penetrate）檢測、磁粒（magnetic particle）檢測、射線（radiographic）檢測、超音波（ultrasonic）檢測、渦電流（eddy current）檢測[4]，需要接受相關訓練並通過考試才是合格的NDI人員。每種NDI方法有其優缺點和適用範圍，例如液滲檢測只能用於檢查表面和通往表面的裂紋，且不需要用電；而超音波檢測雖可探及深入內部的損傷但不易發現表面缺陷，且需要標準試塊用來參考；磁粒檢測適合檢測表面和次表面（subsurface）缺陷，但不適用

---

[4]民航法規並沒有這些名詞的中文翻譯，故引用財團法人台灣非破壞檢測協會制訂的《非破壞檢測人員資格檢定與授證準則》第3條第一項。

於非鐵磁性材料。NDI有時又稱為NDT（non-destructive test），中譯有時又稱為無損檢測。

六、品質保證

維持整架飛機的適航，需要有人來保證其維修品質。所以，Part 121航空公司的品質系統（quality system）部門除了第四項所述的品質檢驗人員之外，還包含品質保證（quality assurance，簡稱QA）的人員。

與品檢人員主要在維修現場工作不同，QA人員絕大多數時間都在辦公室裡面查看維修記錄，確保符合民航法規和公司文件的規定。例如，當維修人員在工卡上完成簽署，PPC會把工卡交由QA人員確認，查看是否簽署的維修人員符合QA的授權，例如簽署的B1.1航空器維修工程師有傳統發動機的A320／A321型別，但沒有A321 neo（新型發動機）型別，就不能在A321 neo的工卡上簽署，即使機型的差異並不大。

此外，每架做完C check的飛機在出廠時，都要由一名C類航空器維修工程師來簽放負責。所以，QA也要確認除了B1.1的人簽署之外，還有C類的人簽署，才算符合民航法規的規定。

一名維修人員即使持有B1.1的航空器維修工程師檢定證，也接受過A320／A321機型訓練並取得認證，還是要經過QA授權之後，才能在A320／A321維修工卡上簽署負責。一旦因故被QA撤銷授權，就不能繼續在A320／A321維修工卡上簽署，但其持有的B1.1檢定證仍然有效。

七、物料補給

除了文件由工程部門來準備之外，器材、零件、化學消耗品，都需要由另一個部門來處理採購、儲存、物料進出的管理。

一般的物料補給最重要的工作項目是備份件的庫存管理，當維修人員依據IPC的零件件號來庫房領料時，補給人員要能明確地找到零件的儲存位置，並撥發所需數量的零件給維修人員使用。當維修工作結束，而維修人員有剩餘零件時，補給人員也要把剩餘零件放回原本的儲存位置，並更新庫存管理系統的資料庫。

此外，週轉件（rotable parts）的控管也是一件重要的事。公司會買來一些可用的液壓泵、發電機、飛航電腦放在庫房裡，一旦這些週轉件故障時，維修人員會依據IPC來領出可用件裝上飛機，不可用的待修件就會繳庫。物料補給人員會送到公司內部的附件工廠或公司外部的維修廠，將週轉件修妥使其恢復可用。送回庫房的可用件也要適當地存放，以便下次再裝上飛機使用。因此，可用件和待修件一定要正確地分開存放在庫房中的不同位置，絕對不能發生烏龍，把可用件送出修理（結果no fault found），或待修件被維修人員領出裝上飛機（結果重複故障）。週轉件的包裝要很小心，以免委外送修時在運輸過程不小心被撞壞，使小故障變成大故障。而且有些週轉件本身是危險物品（dangerous good）或內含危險物品，因此包裝和運輸也要符合危險物品的安全規定。

最低存量是一項很重要的補給觀念。由於許多零件不是說買就買得到，經常會有前置期（lead time），也就是說今天下訂單，可能要幾十天之後才能拿到東西。因此，有必要針對不可或缺的零件或化學消耗品進行最低存量的管控，一旦庫存數量低於安全存量，就要採取下單採購的動作，讓庫存恢復到安全存量以上。

例如扭力扳手、航電測試設備等許多精密器材需要定期校驗，物料補給單位也要在電腦的輔助下，掌握這些器材的校驗期，以免維修人員借出使用時才發現過期。此外，某些化學消耗品有使用期限，所以補給人員通常會把較快到期的化學消耗品先撥發給維修人員使用。一旦化學消耗品到期而不能再使用時，就要由可用件儲存位置移到不可用件區域，並儘速安排銷毀，以免發生人為失誤，把過期的化學消耗品交給維修人員用在飛機上。

另一個重要的工作是保持庫存環境的溫度和濕度條件。某些化學消耗品必須存放在低溫和乾燥環境。以台灣的情況來說，若沒有適當的儲存設備，很容易因為高溫和潮濕天氣而讓化學消耗品迅速變質，以致於即使還沒到保存期限也已經無法再用在飛機上。

八、訓練

訓練是民航維修不可或缺的一個環節。原則上可以把訓練分成初始訓練、年度複訓兩大類。

訓練的內容非常多元，例如新進人員的技術培訓，讓完全不懂飛機維修的大學畢業生從頭學起，知道如何正確打保險、使用三用電表。或者是進階的機型訓練（type training），像是A320 V2500發動機試車課程、B737 MEL和CDL課程，讓持有B1空白證的航空器維修工程師在QA認證之下具備機型資格（type rating），以便取得授權來簽放該型飛機。也可能是與機型無關的MRM訓練、新修訂民航法規的差異訓練。

通常接受過機型訓練、MRM訓練的維修人員，還會被訓練部門安排做年度複訓，以便維持對機型專業、人為因素學的熟悉程度。

第二節　亞洲航空股份有限公司

亞洲航空股份有限公司（以下簡稱亞航）是一家Part 145維修廠，1955年於台南機場成立。亞航原為美商Air America子公司，1955年7月15日取得美國FAA核發的維修廠認證，不只替民航空運公司（Civil Air Transport, CAT）維修民航機，也為美國空軍維修軍機。歷經多次轉手後，1994年成為台翔航太的子公司，並於2018年將股票上市公開籌募資金。目前擁有本國民航局，以及美國FAA、菲律賓CAA、印尼DGCA、泰國DCA、日本JCAB、俄羅斯CCA、越南CAA等國民航主管機關的維修廠認證，可維修波音737系列、空中巴士A320家族、波音MD80系列、DHC-8系列、King Air 200和300型飛機，還有貝爾206、212、412和430型直昇機。

亞航的組織圖如**圖6-2**。

就**圖6-2**來看，亞航的營業部門分成軍機事業部、民機事業部、直昇機事業部三大區塊，因軍機維修已超出本書範圍，故不予說明。民機事業部以定翼機為維修主體，前一節第三項介紹的飛機維修在此包含了定翼機維修廠和停機線維修處。本國的民航法規當中並沒有「定翼機」這個名詞[5]，法律上的名詞是《民用航空法》第2條第24款所定義的「飛機」。

民機企劃處的工作內容包含了前一節第一項「工程」和第二項「生管或修管」，工程師們依據客戶需求編寫AD或SB的工卡讓飛機維修人員執行，或依據結構受損的情況撰寫修理報告做為航空器經歷本

---

[5]本國唯一出現「定翼機」這個名詞的中央法規是《軍用飛機場周圍鴿舍拆遷補償辦法》，可見「定翼機」是軍方使用的名詞，而不屬於民航法規所用的法定名詞。建議大家在民航方面使用名詞時，應養成遵守民航法規的習慣。

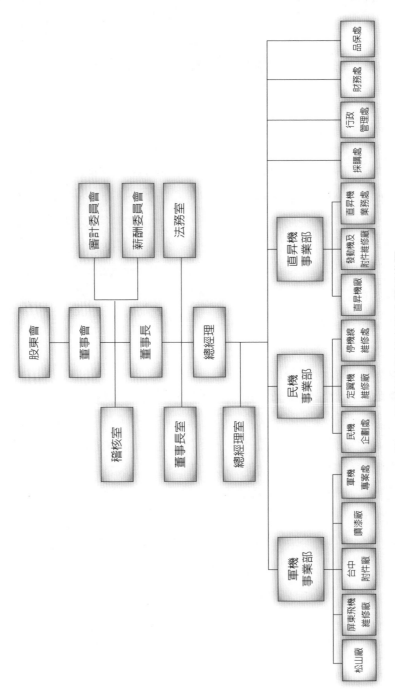

圖6-2 亞洲航空股份有限公司組織圖

圖片來源：亞航網站http://www.airasia.com.tw/index.php?option=module&lang=cht&task=pageinfo&id=423&index=2。

的附件。PPC安排C check的工作時程，預劃何時斷電、何時上電、何時試車，並隨時監看現場的工作進度。假如在做定期工作時發現大量缺點而衍生許多非定期工作，就可能需要和客戶討論是否延後出廠把全部非定期工作完成？或是按時出廠但把部分非定期工作交由客戶帶回自行處理？

由於亞航可合法維修的Rolls Royce M250-C20系列／M250-C30R發動機，主要是裝在貝爾直昇機上，可能因此緣故把發動機及附件維修廠併入直昇機事業部之下。有些Part 145維修廠的發動機和附件維修能力很強，就會單獨成為一個部門。發動機及附件維修廠的工作內容大致如同第一節第四項所述。

在這三大區塊之外，還有四個獨立的部門——品保處、採購處、行政管理處和財務處。

品保處這個名稱乍看之下，似乎只有前一節第六項所指的品質保證，但其實第五項提到的品質檢驗也屬於品保處的業務範圍，這代表品保處就是亞航的品質系統。至於前一節第八項提到的訓練業務，亞航也將其列入品保處的工作項目之一。

採購處負責前一節第七項所述的物料補給，當客戶執行C check帶來的零件和化學消耗品數量不足，可能就會委託亞航代為採購。買進來的航材會先進入補給庫房存放，等維修人員有需要時再到庫房領用，而亞航的補給庫房歸屬於行政管理處所轄。

 ## 第三節　本章小結

本章先由一般民航維修業者會有的八大部門職務談起，再以國內的Part 145維修廠為例來說明其組織概況。

Part 121航空公司通常也有維修部門，雖然和Part 145維修廠很類

似，但仍然有一些差異。簡單地說，Part 121航空公司的維修部門是整個航空公司的一部分，若不能接到其他業者委外的維修工作（例如外籍航空公司的停機線維修），經常會被大老闆視爲只花錢（修飛機）而不賺錢（載客或運貨）的部門。不像Part 145維修廠就是一個紮紮實實靠著修飛機來賺錢的公司，修得越多就會有越高的營業額。

換一個角度來看，Part 121是以「用飛機」爲公司經營的主軸，老闆買飛機是要拿來用的，不是讓維修部門拿來修的。因此，身爲Part 121維修部門的一分子，即使每天都在修飛機，也要在觀念上想到如何善用飛機才能讓公司賺錢。反觀Part 145維修廠，大部分的時候並不會考慮到客戶是如何用飛機，只要專注在把飛機修好，確保持續適航。客戶的飛機用得怎麼樣，幾乎與Part 145維修廠的員工沒有任何關係──除非是比如長榮航太與長榮航空這樣緊密的集團成員關係。

到底在Part 121航空公司的維修部門工作比較好？還是在Part 145維修廠工作比較好？這樣的問題實在很難回答。只能說，看個人的興趣。如果職涯規劃想要專注在維修技術方面尋求發展，或許Part 145維修廠較爲合適。但若興趣是在民航產業的整體，想要讓航空器在使用上更有效益，在Part 121航空公司的維修部門可能有比待在Part 145維修廠更多看不到的機會。黑手，難道要當一輩子嗎？

本章摘要 -

＊飛機需要定期維修——這個基本常識會衍生出下列五個問題：

  ・何時維修？

  ・誰來維修？

  ・如何維修？

  ・維修需要多少人力工時？

  ・維修需要哪些文件、器材、零件和消耗品？

＊為了解決這些問題，因此Part 121航空公司和Part 145維修廠需
  要下列部門：

  ・工程。

  ・生產計畫和管理。

  ・飛機維修。

  ・發動機維修和附件維修。

  ・品質檢驗。

  ・品質保證。

  ・物料補給。

  ・訓練。

＊維修部門的分工與名稱，可能隨著公司的管理制度不同而有所
  差異，因此上述八項只是一種說法而不是絕對的標準。

Chapter 7

維修手冊及文件

本章將介紹各種維修手冊及文件，目的是讓讀者瞭解未來從事民航維修工作時，有哪些常見的資訊可以在什麼手冊或文件找到。

 第一節　概　述[1]

在各種民航維修手冊當中，都會以稱為ASN（assigned subject number）的六碼數字來表示一個項目，例如30-41-00代表駕駛艙窗戶和擋風玻璃防冰／防霧（window and windshield anti-icing／anti-fogging）這個項目。ASN是由3組兩碼數字組成，如下所列：

- 第一組代表第幾章（chapter）或系統（system），例如各機型的第30章就是冰雨防護（ice and rain protection）系統。
- 第二組代表小節（section）或次系統（subsystem），例如MD80和MD90的30-41都代表駕駛艙窗戶和擋風玻璃防冰／防霧，但30-42在MD80代表擋風玻璃除雨（windshield rain removal），而在MD90則是防霧熱開關（anti-fog thermal switch）。
- 第三組代表項目（subject）或單元（unit），例如MD80的30-42-01代表擋風玻璃雨刷（windshield wiper unit），而MD90則是以30-43-01來代表擋風玻璃雨刷電動機（windshield wiper motor）。

如果第二組和第三組都是0，則代表這是整個系統的一般資訊，例如30-00-00就列出一些會在整個冰雨防護系統出現的縮寫字，比方說

---

[1]本節參考文件：《波音737維修手冊》、《757維修手冊》、《MD90維修手冊》、《空中巴士A340維修手冊》。

EAI是engine anti-ice（發動機防冰）的縮寫，WAI是wing anti-ice（主翼防冰）的縮寫。

由於每架飛機可能有些大大小小的差異，例如某架飛機是租來的，客艙娛樂系統比較陽春，客艙照明也是一般燈光，而沒有所謂的夜店風格，因此在第25章和第33章就與公司所屬其他飛機有些差異。另外還可能因為某架飛機已經做過技術通報的改裝，屬於post-SB狀態，但其餘飛機尚未執行這項改裝，屬於pre-SB狀態，故從外表看來並無不同，其實內部零件卻有很大差異。所以，為了正確顯示每架飛機的差異性，在維修手冊當中，需要清楚地標明有效性（effectivity）或構型（configuration），讓維修人員知道這架飛機應使用什麼件號的零件，或要找哪一張線路圖才對。

每個有效性會對應到一架飛機，以**圖7-1**所示的遠東航空公司B757-29J機隊為例，有效代碼001是機尾編號N703AM這架登記為美國籍的飛機，在波音生產線的編號（line number）是588，變動編號（variable number）是NE301，製造序號（manufacturing serial number，簡稱MSN）是27203。波音會在每架飛機的設計和製造階段，把變動編號使用於工程藍圖（engineering drawings）和最終組裝（final airplane assemblies）。而MSN則會被刻在飛機的金屬銘牌（identification plate）並寫在適航證書上面，這是永久不變的。

因為登記編號（registration number）通常標示在機尾，故一般稱之為機尾編號（tail number）。機尾編號由飛機登記國民航主管機關指定，N開頭代表美國籍，B開頭代表中國籍。這個開頭代碼在《民用航空法》第12條稱為國籍標誌，於上個世紀ICAO成立時就分派給各個ICAO會員國使用。因為ICAO奉行聯合國的一個中國政策，故海峽兩岸四地（臺陸港澳）的民用航空器登記編號都以B開頭，例如遠東航空公司B-27007、廈門航空公司B-2869這兩架B757客機，或是港龍航空公司B-HSJ、澳門航空公司B-MCI這兩架A320客機。由於同樣以B做

757
MAINTENANCE MANUAL

LIST OF EFFECTIVE AIRPLANES

1. General
   A. The following list provides a cross reference table of the airplanes that
   are applicable to the information contained in this manual.

   NOTE: Effectivity designations in this manual may be preceded by either
   customer code FAT or SHO.

   Far Eastern Air Transport Corp.

   MODEL 757-29J

Customer Effectivity Code	Line No.	Variable Number	Manufacturing Serial Number	Registration Number
FAT 001	588	NE301	27203	N703AM
FAT 002	591	NE302	27204	B-27007
FAT 101	832	NT881	29607	B-27011
FAT 102	835	NT882	29608	B-27013
FAT 103	876	NT883	29609	B-27015
FAT 104	904	NT884	29610	B-27017
FAT 105	910	NT885	29611	B-27021

EFFECTIVITY
ALL

LIST OF AIRPLANES

40   Page 1
                      May 28/03

BOEING PROPRIETARY - Copyright (C) - Unpublished Work - See title page for details.

圖7-1　遠東航空B757-29J機隊有效性

為民用航空器國籍標誌，且登記號碼都是阿拉伯數字，故曾發生過遠東航空公司一架B737和四川航空公司一架Tu-154M同樣使用登記編號B-2625的特殊情形。為了避免再次發生臺陸兩地民用航空器有相同登記編號的情況，因此中華民國民航局雖仍維持與大陸地區相同的國籍標誌B，但將後面的登記號碼由4位數改成5位數，以便與中華人民共和國民航局照舊使用的4位數登記號碼有所區別。至於港澳地區的民用航空器登記編號則在國籍標誌之後是英文字母，故不會與臺陸地區相同。

　　機尾編號並非永遠不變，例如製造序號27203這架B757貨機在1994年先是登記為本國籍B-27005，接著改變登記成墨西哥籍的XA-TQU，2003年再轉為美國籍的N703AM，最後在2015年改裝成貨機並登記為N757QM。

　　早年紙本會把有效性標示在維修手冊每頁左下角（如圖**7-2**和圖**7-3**）或維修程序開頭。現在改用電腦來查閱維修手冊，除非是PDF檔，否則沒有明確的一頁，故只會標註在維修程序開頭，例如圖**7-4**顯示有效性001至004的這些A340適用子任務（subtask）30-73-15-020-055，而有效性005至099的這些A340則適用子任務30-73-15-020-055-A，兩者的差異是前者有320DW、1210DW和1220DW這三個溫度感測器（temperature sensors），但後者只有320DW和1220DW這兩個溫度感測器而已。若有多種構型，則在右下角頁碼上方以Config來顯示（如圖**7-5**和圖**7-6**）。

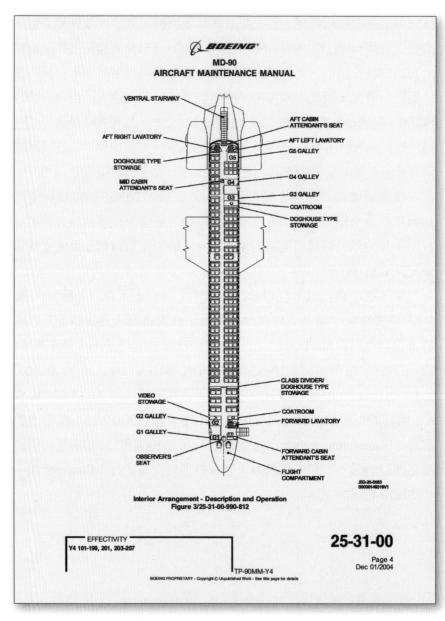

圖7-2　安裝較大廚房（G3和G4）的MD90，注意左下角有效性

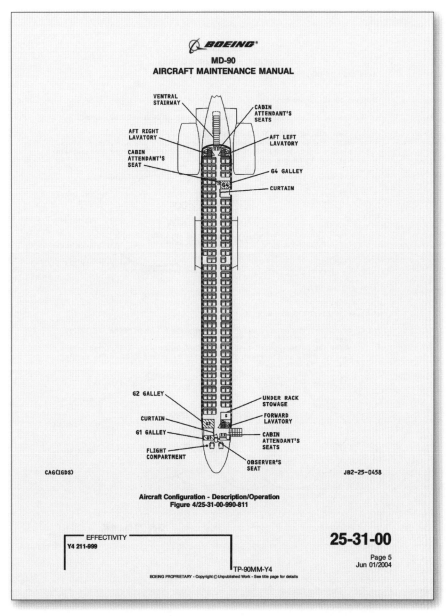

圖7-3 安裝較小廚房（G4）的MD90，注意左下角有效性

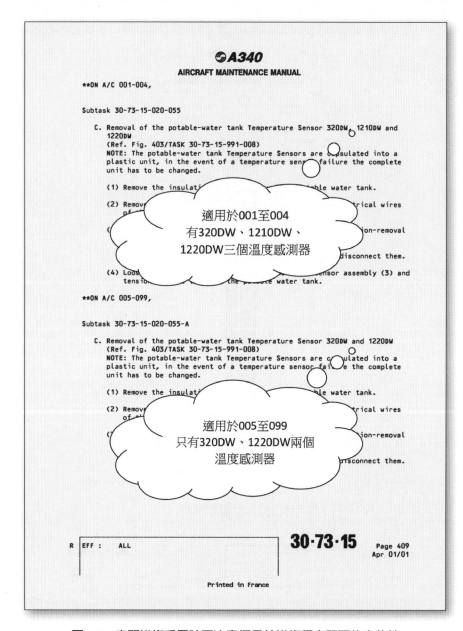

圖7-4 查閱維修手冊時要注意標示於維修程序開頭的有效性

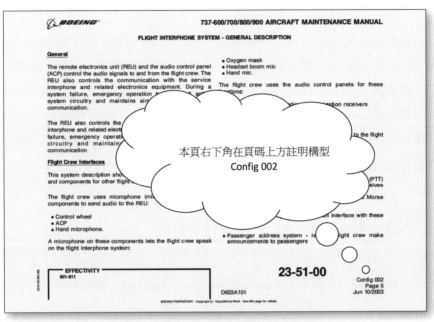

圖7-5　波音737的機內通話系統構型2

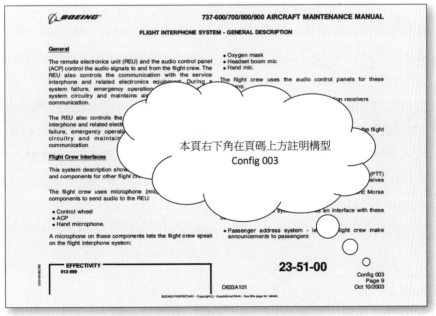

圖7-6　波音737的機內通話系統構型3

　　有效頁次表（list of effective pages，簡稱LEP）位於每份維修手冊的最前頭，可用來檢查手冊各頁是否為最新版。在過去紙本時代，每次修訂手冊都會抽掉不適用的舊頁、插入適用的新頁，但難免會發生人為失誤，不小心把仍然有效的舊頁拿掉，反而變成缺頁的情形。一旦發現缺頁，可從有效頁次表查出什麼日期是最新版，再由另一本技術手冊找相同日期的這一頁來複印補齊。現在普遍採取連線到雲端伺服器就沒有這種困擾。

第二節　航空器維修手冊[2]

　　航空器維修手冊（aircraft maintenance manual，簡稱AMM）可說是維修人員最常用到的手冊，絕大多數定期和非定期維修的工卡都源自於AMM內容。

　　不同製造商對AMM的編排有不同的做法，即使同一製造商在不同機型也可能有些差異。以波音來說，近期的B737-600／700／800／900和B777的AMM分成第一部分SDS（system description section）和第二部分PP（practices and procedures），但早期的B747-400和B757就不劃分兩部分，而以頁碼區塊（page block）來做區分。空中巴士早期做法也是與波音相同，不分成兩部分，而以頁碼區塊來做區分。至於ATR-72，很早時候就類似近期B737-600／700／800／900和B777，其AMM分成DO（description operation）和JIC（job instruction cards）兩部分。而Dash 8的AMM也是以頁碼區塊來做區分。

　　SDS說明系統和組件（component）如何運作、使用者如何操作

---

2 本節參考文件：《波音737航空器維修手冊》、《747-400航空器維修手冊》、《777航空器維修手冊》、《空中巴士A340航空器維修手冊》。

這些系統，以及系統的構造、與其他系統的介面關係，可讓停機線和棚廠維修人員瞭解組件位置、系統作用的相關資訊。雖然訓練手冊（training manual）的內容也可能會有這些資訊，但畢竟AMM是持續修訂的手冊，而訓練手冊卻不見得一直更新，所以先前的筆誤會長期留在訓練手冊中不被改正。或者因為執行改裝之後，SDS修訂了操作說明，但訓練手冊卻未跟著一併更新，就與飛機的實際情況有所差異。因此，千萬要記得，訓練手冊的文字敘述或精簡圖示只是幫助我們對各個系統或次系統有初步的認識，正確而詳細的說明和圖解，還是要以AMM為準才對。

PP包含了保養作業（servicing）、拆裝（removal／installation）、測試（testing）、檢查（check）、清潔（cleaning）、修理程序。工具、夾具和測試裝備會列在PP而不會出現在SDS。共通的一般訊息會同時呈現在SDS和PP的最開頭。

SDS的頁碼介於1至99，版面為橫向（landscape）雙欄，這點與PP的直向（portrait）單欄有很大的不同。PP依據工作性質的不同，將頁碼分成幾個區塊：

‧101至199是組件位置。

‧201至299是維修實作（maintenance practices）。

‧301至399是保養作業。

‧401至499是拆裝。

‧501至599是調整（adjustment）或測試。

‧601至699是檢驗（inspection）或檢查。

‧701至799是清潔或上漆（painting）。

‧801至899是修理。

‧901至999是派飛偏異指引（dispatch deviation guide，簡稱 DDG）。

　　儘管有上列明確的劃分，但頁碼區塊101至199在不同年代有不同的做法。以B747-400為例，1994年版AMM的35-11-00列出了組員氧氣系統的組件索引，如**圖7-7**所示。由此可知組員氧氣瓶（cylinder - crew oxygen）有兩個，都位於前貨艙右側板（fwd cargo compt right sidewall），且參考12-15-08就可找到組員氧氣瓶的保養作業。但在2006年版AMM，35-11-00只剩下頁碼區塊501至599，原來的頁碼區塊101至199已經完全被刪除了。

　　接著將介紹各個頁碼區塊的大致內容。

　　頁碼區塊301至399不在各系統，而是集中在第12章，這是因為第12章本來就是有關各種保養作業。此外，頁碼區塊801至899所指的修理是指一般的簡易修理，複雜的結構修理程序在PP裡面是找不到的，應查閱結構修理手冊（詳見本章第八節）才對。**圖7-8**是頁碼區塊901至999的範例，當反推力器（thrust reverser）無法作用時，可以依據MMEL 78-1、按照AMM所列的程序，把反推力器固定在推力向前（即關閉反推力器使其無法產生反推力）的狀態，讓飛機繼續執行下一趟航班來載客載貨。

　　頁碼區塊501至599的測試項目可分成三種：操作測試（operational test）、功能測試（functional test）、系統測試（system test）。操作測試不需要特別的裝備或設施，只要利用飛機本身就能夠確認系統或組件是否有作用（operable），而不必符合任何規範或容差（tolerance）。功能測試通常在小維修（minor maintenance）動作之後執行，可能需要地面支援裝備（ground support equipment，簡稱GSE），工作會比操作測試來得仔細，以便確認系統或組件能夠滿足最低可接受的設計規範（minimum acceptable design specifications）。相對於功能測試，系統測試則通常在大維修（major maintenance）動作之後才會執行，目的是確認系統或組件能夠滿足各種調整規範和容差，以便達到最大效益和設計要求。

747-400
FAULT ISOLATION/MAINT MANUAL

CREW OXYGEN SYSTEM

COMPONENT	FIG. 102 SHT	QTY	ACCESS/AREA	AMM REFERENCE
AVERAGING UNIT – VOLTAGE, M992	1	1	FWD CARGO COMPT RIGHT SIDEWALL	35-11-12
BOX – MASK STOWAGE	1	4	FLIGHT COMPARTMENT	35-11-18
CIRCUIT BREAKER –	1		FLIGHT COMPARTMENT, P7	
OXYGEN VALVE & IND, C364		1	7D4	*
COMPUTER – (FIM 31-61-00/101)				
EICAS INTERFACE UNIT CENTER, M7352		1		
EICAS INTERFACE UNIT LEFT, M7353		1		
EICAS INTERFACE UNIT RIGHT, M7351		1		
COUPLING – ASSEMBLY	2	2	FWD CARGO COMPT RIGHT SIDEWALL	35-11-04
CYLINDER – CREW OXYGEN	1	2	FWD CARGO COMPT RIGHT SIDEWALL	12-15-08
GAGE – PRESSURE	2	2	FWD CARGO COMPT RIGHT SIDEWALL	35-11-00
INDICATOR – OVERBOARD DISCHARGE	2	1	FWD CARGO COMPT RIGHT SIDEWALL	35-11-10
			(OUTSIDE ON AIRPLANE SKIN)	
MASK	3	4	FLIGHT COMPARTMENT	35-11-18
REDUCER – PRESSURE	2	2	FWD CARGO COMPT RIGHT SIDEWALL	35-11-04
REGULATOR – DILUTER DEMAND	3	4	FLIGHT COMPARTMENT	35-11-18
REGULATOR – PRESSURE	1	1	FLIGHT COMPARTMENT	35-11-05
TRANSDUCER – PRESSURE, T470 AND T552	2	2	FWD CARGO COMPT RIGHT SIDEWALL	35-11-03

* SEE THE WDM EQUIPMENT LIST

Crew Oxygen System – Component Index
Figure 101

EFFECTIVITY

ALL

35-11-00

601407

04   Page 101
            Feb 10/94

圖7-7 波音747-400的舊版AMM有頁碼區塊101至199

169

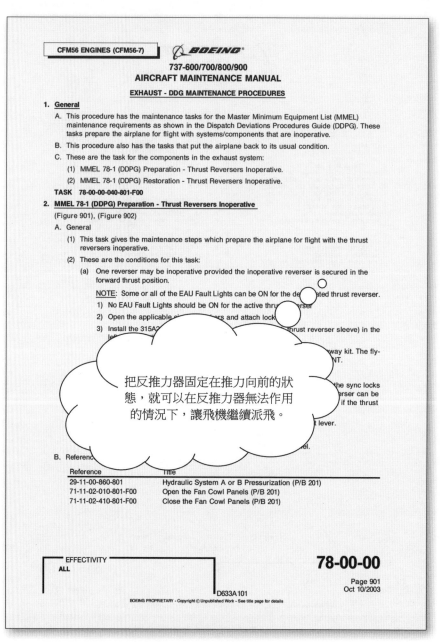

圖7-8　波音737的AMM頁碼區塊901至999範例

早期不分SDS和PP的AMM也是以相同的頁碼區塊來分類，001至099是敘述和運作（description and operation），相當於近期的SDS；而某些機型的AMM可能沒有101至199和901至999這兩個頁碼區塊。由於每個頁碼區塊只有99頁，若頁數實在很多，超過99頁的部分就會改以A00、A1、A2⋯⋯或A500、A501、A502⋯⋯這樣的方式繼續編號。也可能會從第98頁之後，用98.1、98.2、⋯⋯這樣的編號方式使頁碼不超過99，如**圖7-9**所示。

　　雖然分成這麼多個頁碼區塊，但若內容很少，就可能把不同性質的各種工作通通寫在201至299的維修實作裡面。例如**圖7-10**是波音777可攜式氧氣瓶（portable oxygen cylinder）的維修實作，由圖中1.

圖7-9　特殊的頁碼編號方式

777
AIRCRAFT MAINTENANCE MANUAL
PORTABLE OXYGEN EQUIPMENT - MAINTENANCE PRACTICES

1. **General**

    A. This procedure has these tasks:

    (1) Portable Oxygen Cylinder Pressure and Condition Check

    (2) Oxygen Cylinder Leak Check

    (3) Remove and Replace Portable Oxygen Cylinder.

    B. The portable oxygen cylinders are installed at different locations in the passenger compartment. Do not try to adjust a unit in the field, send the unit to an approved overhaul depot if it does not operate correctly.

    TASK 35-31-00-710-801

2. **Portable Oxygen Cylinder Pressure and Condition Check**

    (Figure 201, Figure 202)

    A. References

Reference	Title
35-00-00-910-801	Oxygen System General Maintenance Practices (P/B 201)

    B. Location Zones

Zone	Area
200	Upper Half of Fuselage

    C. Preparation

    SUBTASK 35-31-00-910-001

    (1) Read and obey the safety precautions and general instructions for the oxygen system before you do the maintenance (TASK 35-00-00-910-801).

    D. Oxygen Pressure Check

    E. Oxygen Cylinder Condition Check

——————— END OF TASK ———————

EFFECTIVITY

ALL

D633W101

35-31-00

Page 201
May 05/2003

圖7-10　合併各種工作在維修實作的頁碼區塊內的例子

General的A.項可知，這裡包含了原本屬於頁碼區塊601至699的檢查工作，還有原本屬於頁碼區塊401至499的拆裝程序。所以，如果大概知道要找的工作是什麼性質，例如打算拆裝某個組件，就能直接翻到頁碼區塊401至499來縮小尋找PP的範圍；但若根本沒有401至499這個頁碼區塊，就直接翻到第201頁，看頁碼區塊201至299的維修實作是否已經包含了拆裝程序。不過，頁碼區塊這個觀念比較適合早期紙本或PDF檔、分頁明確的AMM。近期AMM電腦系統分頁並不明確，且其搜尋內容的能力就像網路搜尋引擎一樣強大，很容易就快速找到所要的工作內容。對現場工作的維修人員來說，頁碼區塊的用處似乎顯得不是很有幫助。

在維修程序中，有一種稱為AMTOSS（aircraft maintenance task oriented support system）的標準可以依循，**圖7-11**正是AMTOSS的一個例子。

第一層以阿拉伯數字來編號，除了1.代表概述（general）之外，2.及其後面的數字是各個任務（task）。任務編號的前三組數字代表章節，例如**圖7-11**所示的27-31-00；第四組數字代表功能代碼（function code），例如**圖7-11**所示的800；而末尾的第五組數字代表從801開始編號的順序，例如**圖7-11**所示的802代表順序第二的任務。絕大多數任務只有這五組數字，如果還有第六組數字，則代表構型（configuration）。

功能代碼大致上分成000拆卸（removal）、100清潔（cleaning）、200檢驗／檢查（inspection／check）、300改正／修理（correction／repair）、400安裝（installation）、500材料和航空器處理（material and aircraft handling）、600保養／保存／潤滑（serving／preserving／lubrication）、700測試／檢查（testing／checking）、800雜項（miscellaneous）、900更換（change，也就是拆卸removal加上安裝installation）這幾大類。

777

AIRCRAFT MAINTENANCE MANUAL

TASK 27-31-00-800-802

3. Control Column Adjustment (Rigging)

A. General

  (1) Use this procedure to adjust the control column and the position transducers for the control column. They must be adjusted until the position transducers are at zero when the control columns are in their neutral position.

B. References

Reference	Title
24-22-00-860-805	Supply Electrical Power (P/B 201)

C. Tools/Equipment

NOTE: When more than one tool part number is listed under the same "Reference" number, the tools shown are alternates to each other within the same airplane series. Tool part numbers that are replaced or non-procurable are preceded by "Opt:", which stands for Optional.

Reference	Description
SPL-2532	Pin Set - Rigging (Part #: J20003-1, Supplier: 81205, A/P Effectivity: 777-ALL)

D. Expendables/Parts

AMM Item	Description	AIPC Reference	AIPC Effectivity
23	Bolt	27-31-06-01-020	ALL
24	Washer	27-31-06-01-030	ALL
		27-31-06-01-035	ALL
25	Nut	27-31-06-01-035	ALL
26	Bolt	27-31-06-01-025	ALL
27	Washer	27-31-06-01-030	ALL
28	Nut	27-31-06-01-035	ALL

E. Location Zones

Zone	Area
112	Area Forward of Nose Landing Gear Wheel Well
211	Flight Compartment, Left
212	Flight Compartment, Right

F. Access Panels

Number	Name/Location
112AL	Forward Access Door

G. Prepare for the Procedure

  SUBTASK 27-31-00-840-005

  (1) Do this task: Supply Electrical Power, TASK 24-22-00-860-805.

H. Adjust the Control Rods for the Control Column

  SUBTASK 27-31-00-020-001

  (1) Do these steps to disconnect these three control rods from the elevator feel units (Figure 503):

    (a) Remove the nut [25], washer [24] and bolt [23], and disconnect the control rod [22] from the right elevator feel unit, View E.

EFFECTIVITY
ALL

27-31-00

Page 509
May 05/2004

圖7-11　波音777的AMTOSS範例

第二層是大寫英文字母，A.代表概述，B.代表參考程序或文件（references），C.代表工具或裝備（tools／equipment），D.代表消耗性器材（consumable materials或expendables）或所需零件（parts），E.代表所在區域（zones），F.代表進手板（access panels），G.之後代表各項主題（topic）；主題通常以確切意義的文字來描述，但若是簡單工作，則主題會用「程序」（procedure）來概略表示。

第三層是小括號夾著阿拉伯數字，像是(1)，代表子任務（sub-task）。子任務必定對應到要被處理的硬體（hardware），例如圖**7-11**底下SUBTASK 27-31-00-020-001就是對應到3根控制連桿（three control rods）和升降舵人工感覺單元（elevator feel units）。子任務的前三組數字必定和任務的前三組數字相同，例如圖**7-11**最下方的SUBTASK 27-31-00-020-001和最上方的TASK 27-31-00-800-801，都是以27-31-00開頭。

第四層是小括號夾著小寫英文字母，像是(a)，代表每個步驟。

在圖**7-11**當中未出現的第一層數字1.是在第501頁的概述，數字2.是頁碼501至508的升降舵調校（rigging）工作，以TASK 27-31-00-800-801做為編號，由末尾數字801可知這是第一個任務。而如圖**7-11**所示，數字3.代表另一項工作，以TASK 27-31-00-800-802做為編號，包含了調校操縱桿的程序。第二層A.至F.正如前述，G.是準備工作，其中第三層(1)子任務SUBTASK 27-31-00-840-005，會用到在B.所列的參考程序24-22-00-860-805。同為第二層的H.又是另一個主題，包含了針對3根控制連桿和升降舵人工感覺單元描述的第三層(1)子任務SUBTASK 27-31-00-020-001。後面幾頁未出現的內容，有H.所包含的第三層(2)至(7)，各被賦予不同的SUBTASK編號；接著是第二層的I.和J.，結束了調校操縱桿的程序。然後還有第一層數字4.到13.是其他任務，限於篇幅就不再繼續介紹。

波音每年會對AMM發布三次正式修訂，分別在一月、五月和九

月。修訂處以粗黑線標示在紙本每頁的左邊界，如**圖7-11**所示。若在
這三次正式修訂之間，有重要資訊需要更動AMM，波音會提供臨時修
訂（temporary revision，簡稱TR）的紙本。下一次正式修訂發布時，
這些TR的內容都將納入其中，而可將日期在正式修訂之前的紙本TR移
除。

　　每次正式修訂時也會列出修訂重點（highlights），例如**圖7-12**是
空中巴士A340的AMM第79章重點。在2002年1月正式修訂時，標示
第79-21-10小節的第420和424至437頁更改了主滑油濾蓋子O形環（O
ring）的安裝程序。

第三節　分解零件件號冊[3]

　　分解零件件號冊（illustrated parts catalog，簡稱IPC）也是維修人
員使用相當頻繁的手冊，當飛機維修（第六章第一節第三項）人員想
要領用第一線可更換零件（line replaceable type parts）時，絕大多數都
可以在IPC裡頭找到。

　　IPC內容包含兩部分：分解爆炸圖（explosive illustration）、零件
資訊表格（如**圖7-13**）。每個零件在分解爆炸圖當中會被拆解開來，
並賦予所謂的項目編號（item number）。項目編號將同時出現在分解
爆炸圖和零件資訊表格最左邊欄（**圖7-13**的標示2），故可以在分解爆
炸圖當中知道某個項目與其他項目的接合關係，也能由零件資訊表格
看到這個項目的件號（左邊第二欄、**圖7-13**的標示6），以及相關接合
件的件號。零件資訊表格中間欄是各項目的品名（nomenclature）（**圖**

---

3 本節參考文件：《波音MD80分解零件件號冊》、《空中巴士A330分解零件件號
　冊》。

```
┌─────────┐
│  C F M  │              ✈A340
│   56    │      AIRCRAFT MAINTENANCE MANUAL
└─────────┘               HIGHLIGHTS

                   REVISION NO. 05 Jan 01/02

Pages which have been revised are outlined below, together with the Highlights of the
Revision
--------------------------------------------------------------------------------
CH/SE/SU C              REASON FOR CHANGE                    EFFECTIVITY
  PAGES
--------------------------------------------------------------------------------

CHAPTER 79


L.E.P. 1- 3 Revised to Reflect this revision indicating
              new,revised, and/or deleted pages
T. OF C.    Revised to reflect this revision
   3
79-21-10    CORRECTION/ADDITION/AMPLIFICATION              ALL
 420, 424-  REVISED THE O'RING INSTALLATION
   437      PROCEDURE OF THE MAIN OIL FILTER COVER
            LAYOUT IMPROVED/MATERIAL RELOCATED             ALL
```

```
                                   79-HIGHLIGHTS Page   1 of   1
                                   REVISION NO. 05      Jan 01/02


                    Printed in France
```

圖7-12　空中巴士A340的AMM第79章修訂重點

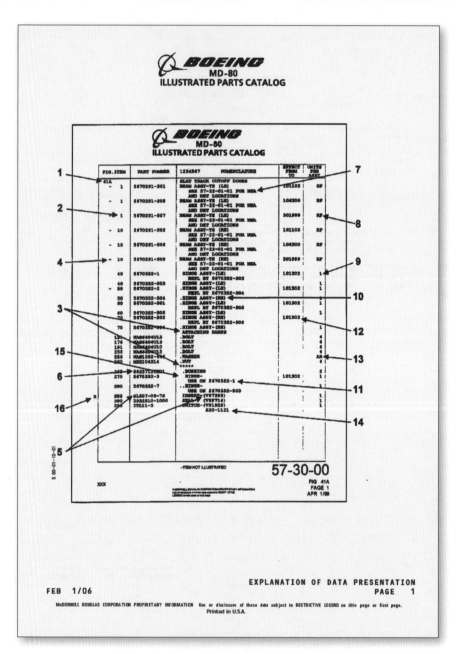

圖7-13　MD80的IPC零件資訊表格範例

7-13的標示15），右邊第二欄是其有效性（**圖7-13**的標示12），最右邊欄則是每個組合件（assembly，在IPC的縮寫是ASSY）所含各項零件的數量（**圖7-13**的標示9）。

圖7-13各標示的意義如下：

1.圖號（figure number）。

2.項目編號（item number），數字不連續的目的是爲了即使新增項目也不影響其他項目的編號。

3.配件（attaching parts），緊接著在需要被接合的項目底下列出所需配件，會出現*****代表結束配件列表。

4.若在項目編號前面有一橫槓符號，則表示此項目並未在分解爆炸圖當中顯示。

5.代表此項目需要剪裁到適當長度，或者有容差限制。

6.代表由此件號製成。

7.上一層組合關係（next higher assembly，簡稱NHA）。

8.RF代表此項目會顯示在IPC其他圖示。

9.每個組合件所含此項目的數量。

10.若左右兩邊件號不同，會特別註明以免裝錯。

11.分解成下一層零件。

12.此項目在IPC的適用有效性（effectivity）。

13.數量視需要而定（as required）。

14.電氣裝置編號，可用於參考線路圖（wiring diagram）。

15.此項目的品名（nomenclature）。

16.R代表此項目的零件資訊在此版本被修訂。

各機型的IPC格式大致如上所述，若有不一致的情況，請查閱該機型IPC的簡介（introduction）。

　　雖然某一機型的零件表格格式是全球統一，但其內容卻是極度客製化。也就是說，一家Part 121航空公司只能看到自己機隊的零件資訊，而無法得知別家航空公司的零件資訊。即便Part 145維修廠也是如此，必須使用客戶的IPC才能找到對應這個客戶所屬機隊的零件資訊，若某個Part 121航空公司未曾委託這家維修廠做任何飛機維修工作，此一維修廠也無從得知這個航空公司的零件資訊。

　　本小節以第38章用水／廢水（water／waste）系統當中的飲用水箱（potable water tank）為例，來對兩種機型的IPC做詳細說明。

　　假設有一架MD82進廠做C check，在執行區域檢驗（zonal inspection）工作時，你發現飲用水箱有凹痕而可能破裂，所以打算更換。此時有下列兩種查詢IPC的做法：

　　第一種方法是利用IPC第38章的目錄來查詢。在**圖7-14**可看到第38-10-00小節的圖29C和29D都有Potable Water Tank。又假設你先前已經由IPC的有效性列表知道這架進廠的MD82在IPC對應到的有效性代碼是180，而圖29D最右邊的EFFECT一欄列出179182，代表有效性代碼179至182適用此圖，故第38-10-00小節的圖29D就是你應該查閱的分解爆炸圖。

　　第二種方法是直接用大零件的件號來查詢。因為你已在飲用水箱旁邊，能夠看到件號是1434-001-1，故可以直接由這個件號在電腦系統裡面搜尋，找到第38-10-00小節的圖29C和29D都有這個件號，結果和第一種看目錄的方法相同。也同樣因為有效性的緣故，排除了圖29C，故你要查閱第38-10-00小節的圖29D才對。

　　確定了IPC圖號後，接著看第38-10-00小節圖29D的零件資訊表格，如**圖7-15**所示。由名稱TANK ASSY[4]或件號1434-001-1可知，第50項是你要更換的飲用水箱，數量有1個。V32500是供應商的代碼，可

---

[4]ASSY是組合件（assembly）的縮寫。

MD-80
ILLUSTRATED PARTS CATALOG

CHAPTER 38 - WATER/WASTE

TABLE OF CONTENTS

圖7-14　MD80的IPC第38章目錄

**BOEING**
MD-80
ILLUSTRATED PARTS CATALOG

FIG. ITEM	PART NUMBER	1234567　　　　　NOMENCLATURE	EFFECT FROM TO	UNITS PER ASSY
29D		PRESSURE SYSTEM POTABLE WATER TANK	179182	
- 1	5954437-501	TANK INSTL-PRESSURE SYSTEM POTABLE WATER (STA. 379 TO STA. 483) SEE 38-10-00-19C FOR NHA	179182	RF
5	NAS1203-2	.BOLT	179182	10
10	AN960D10L	.WASHER	179182	10
15	MS20002C4	.WASHER	179182	4
20	MS21042L3	.NUT	179182	10
25	5937925-9	.SHIM	179182	2
30	5937925-3	.BRACKET	179182	2
35	5954437-3	.PAD	179182	2
40	S00044-8-131	.PAD	179182	4
45	520-100-1287M	.CLAMP-(V00624)	179182	2
50	1434-001-1	.TANK ASSY-(V32500)	179182	1
55	NAS1103-4	.BOLT	179182	3
60	NAS1103-2	.BOLT	179182	1
65	NAS1103-3	.BOLT	179182	1
70	NAS1252-10L	.WASHER	179182	6
75	AN960D10L	.WASHER	179182	4
80	MS21042L3	.NUT	179182	5
85	5919741-27	.CLIP	179182	1
90	5937925-7	.BRACE ASSY	179182	1
95	S2448996-8-21	..INSERT-	179182	2
100	5919741-43	.BRACKET	179182	1
105	MS35338-43	.WASHER	179182	6
110	NAS671-10	.NUT	179182	6
115	NAS671-10	.NUT	179182	6
120	2951197-1	.GASKET-POTABLE WATER VALVE	179182	1
125	3937958-501	.STANDPIPE-POTABLE WATER SYSTEM SUPPLY (WELDED)	179182	1
130	AN818-8	..NUT	179182	1
135	MS20819-8	..SLEEVE	179182	1
140	SST21	.STRAP-(V06383)	179182	3
145	5936319-3	.SPACER	179182	1
150	3937970-519	.SUPPORT	179182	1
155	AN960D1216	.WASHER	179182	1
160	AN316C12R	.NUT	179182	1
165	AN834-8J	.TEE	179182	1
170	45085-603	.HOSE ASSY-(V24984) PER SPEC BWD7017-603 H 1- 103	179182	1

-ITEM NOT ILLUSTRATED

McDONNELL DOUGLAS CORPORATION PROPRIETARY INFORMATION -
Use or disclosure of these data subject to RESTRICTIVE
LEGEND on title page or first page.

Printed in U.S.A.

38-10-00
FIG. 29D
PAGE 1
AUG 1/00

圖7-15　MD80的IPC第38-10-00小節圖29D的零件資訊表格

以在IPC的廠商代碼／地址（vendor code／address）索引表查到供應商名稱和地址，這對採購人員來說很有幫助。

假設你在補給電腦系統查到庫房裡剛好有一個1434-001-1備用件，於是提出領料申請。為了更換飲用水箱，你仔細地研究了一下AMM關於這個水箱的拆裝程序，並對照IPC的分解爆炸圖（如**圖7-16**），發現第120項的墊片（gasket）可能在拆卸時破損而需要換新，於是一併申請領用件號2951197-1。

實際更換飲用水箱時，發現還有其他三個缺點需要改正：

首先是第40項固定座（PAD）上面有幾顆螺栓不見了！可能是掉落在附近，故仔細找一找，但又遍尋不著，猜測可能是先前缺料故沒裝上，那麼這次就把未安裝的螺栓連同第10項墊圈（washer）和第20項螺帽補齊到10個，並確認其中4根螺栓都裝了第15項螺帽。

其次是第125項管子（standpipe）的螺帽有鏽蝕的現象，由分解爆炸圖可知第125項包含了127、130和135，其中第130項是螺帽[5]，故再從庫房領出AN818-8，把生鏽的螺帽換掉。

最後是第170項軟管（hose assy）因時間太久而硬化，但庫房沒有件號45085-603的備用件，只能請PPC向波音反映需要規範藍圖BWD7017-603來自行製作正確長度的新軟管，或者直接向供應商V24984購買45085-603。

接著來看空中巴士A330的飲用水箱在IPC裡面是怎麼一回事。同樣先由第38章的目錄找到前方飲用水箱的分解爆炸圖位於第38-11-04小節圖1B的零件資訊表格，如**圖7-17**所示。

雖然由第二欄知道前方飲用水箱有件號F3817013100000和F3817013102200，但開頭F代表這是A330和A340的藍圖號碼，而開頭

---

[5]在品名前面兩點代表屬於品名前面一點的下一層零件，同理可知，品名前面三點代表屬於品名前面兩點的下一層零件，依此類推。

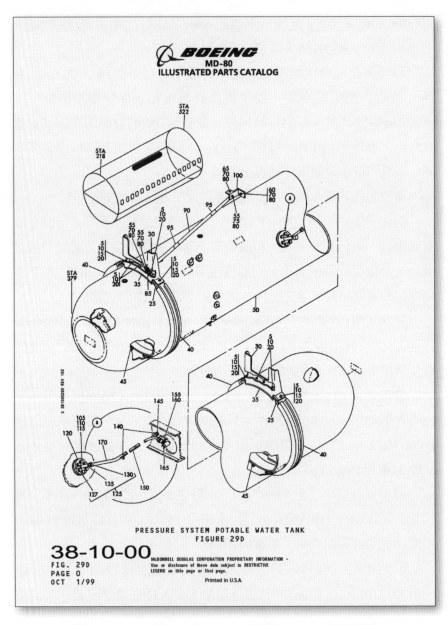

圖7-16　MD80的IPC第38-10-00小節圖29D的分解爆炸圖

⊘A330

ILLUSTRATED PARTS CATALOG

FIG-ITEM	PART NUMBER	1234567　NOMENCLATURE	USAGE FROM TO	UNIT PER ASSY
1B-　1	F38 17003000060	TANK INSTL-POTABLE　　　(NP) WATER,Z 152	101110	RF
-　1B	F38 17003000060	TANK INSTL-POTABLE　　　(NP) WATER,Z 152	111117	RF
10	F38 17013100000	.TANK ASSY	101110	1
10B	F38 17013102200	.TANK ASSY	111117	1
20	93-3600-00-00X	..TANK-POTABLE WATER　　VD4427 　　SEE 38-11-41-01　FOR DET 　　ACMM 38-11-14		1
30	F38 17003600000	..SUPPORT ASSY-TANK		2
40	F38 17003600200	..SUPPORT ASSY-TANK		1
50	6099138	..CLAMP-BAND　　　　　　V00624		3
60	F38 17004820200	..BRACKET		2
70	NAS 1096-3-4	..SCREW　　　　　　　　VACRT 　　BUY PN NAS1801-3-4		8
80	DIN 137B5B2C	..WASHER-SPRING　　　　VACRT		8
90	F38 17003800000	..BRACKET		1
100	MS 21914-6J	..CAP　　　　　　　　　VACRT 　　OPT TO PF21914-6J (V66774) 　　OPT TO EE21914-6J (V66776)		1
110	R22477A	.ROD ASSY　　　　　　　VB1395 　　SEE 38-11-04-80 FOR 　　DET		1
120	R22475A	.ROD ASSY　　　　　　　VB1395 　　SEE 38-11-04-80 FOR 　　DET		1
130	NSA 5042-04-145	.BOLT　　　　　　　　　VACRT		4
140	NAS 1726-3E	.NUT　　　　　　　　　VACRT 　　OPT TO HW29872P3 (V15653) 　　OPT TO DHR9035-3E (VF0224) 　　OPT TO BH1726-3E (V27238)		8
150	F38 17003720000	.SPACER		3
160	NSA 5042-05-180	.BOLT　　　　　　　　　VACRT		3
170	NSA 5042-05-330	.BOLT　　　　　　　　　VACRT		6
180	NAS 1291C4M	.NUT　　　　　　　　　VACRT 　　OPT TO 180003-5 (V60119) 　　OPT TO PLH504M (VF0224)		9
190	NAS 1149C0463R	.WASHER　　　　　　　　VACRT		9

-ITEM NOT ILLUSTRATED

MISSING ITEMS AND VARIANTS ARE NOT APPLICABLE

38-11-04

PAGE　1B-　1

OCT.01/07

Printed in France

圖7-17　空中巴士A330的IPC第38-11-04小節圖1B的零件資訊表格

D則代表A318／A319／A320／A321的藍圖號碼，所以要看項目編號20的件號93-3600-00-00X才對。而在品名欄中的ACMM 38-11-14代表可參閱這一本簡略的組件維修手冊（abbreviated component maintenance manual）來得到更多關於飲用水箱的維修資訊。另外，這裡也指出細部圖[6]顯示在第38-11-41小節的圖01。

至於這個水箱的位置在哪裡，由圖**7-18**的分解爆炸圖可看出，前方飲用水箱是在後機腹右側，由後貨艙門進去後，打開前方蓋板便能找到。

接著來看圖**7-19**的細部圖及圖**7-20**的零件資訊表格。項目編號40和50的膠圈分別要用NAS1611-246和NAS1611-119下訂單才能買到，項目編號10和20的蓋子可各自與93-3680-00-001和93-3670-00-001互換[7]，項目編號70的螺釘也與06-0209-90-350可互換。至於整個不含蓋子、膠圈和螺釘的飲用水箱（項目編號80），件號則是93-3601-00-000，且可與93-3601-00-001互換。

本節最後要談一談筆者過去在航空公司服務時的一個經驗：曾經遇過幾次被問到一架BAe146有多少零件、一架A320有多少零件、理論上，如果把IPC的內容完整地蒐集起來變成一個資料庫，便可以知道這個機隊在這個航空公司有多少個零件，因此我們可能在網路上查詢到有人說一架波音747有600多萬個零件，但其實這個說法是值得進一步討論的。

首先，相同件號的扣件（例如鉚釘件號MS20426B3）在一架飛機上有幾千顆，請問統計零件數量時，是以件號來計算一個？還是即使件號相同也要算成幾千個？所以統計零件數量時，就要定義好相同件號究竟要如何計算，因為航空公司的補給庫房是以件號來管理，同

---

[6]DET是細部圖（detail）的縮寫。

[7]I/W是互換（Interchangeable With）的縮寫。

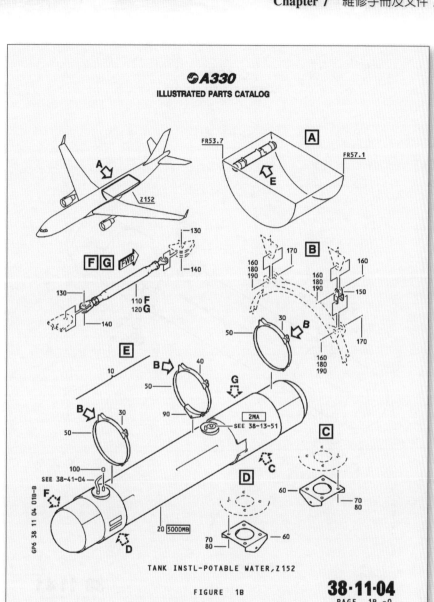

圖7-18 空中巴士A330的IPC第38-11-04小節圖1B的分解爆炸圖

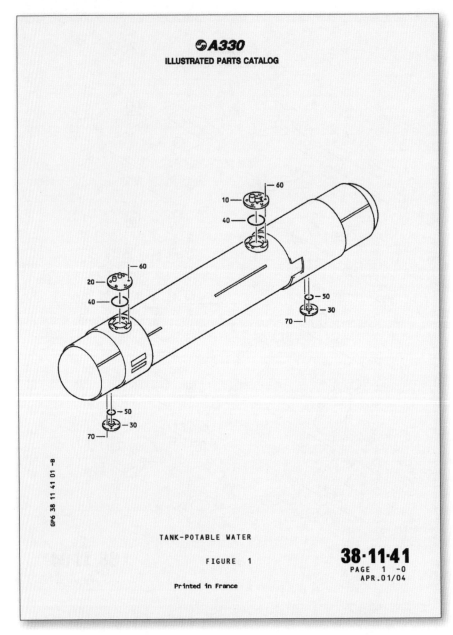

圖7-19　空中巴士A330的IPC第38-11-41小節圖1的細部圖

A330
ILLUSTRATED PARTS CATALOG

FIG-ITEM	PART NUMBER	1234567 NOMENCLATURE	USAGE FROM TO	UNIT PER ASSY
1 - 1	93-3600-00-00X	TANK-POTABLE WATER VD4427		RF
		SEE 38-11-04-01B FOR NHA		
		SEE 38-11-04-02B FOR NHA		
		SEE 38-11-04-03B FOR NHA		
10	93-3680-00-000	.COVER-TANK VD4427		1
		93-3680-00-000 I/W		
		93-3680-00-001 (VD4427)		
20	93-3670-00-000	.COVER-PRESSURIZATION VD4427		1
		93-3670-00-000 I/W		
		93-3670-00-001 (VD4427)		
30	93-3600-14-031	.CONNECTOR-FILL AND VD4427		2
		DRAIN		
40	NAS1601-246	.PACKING-PREFORMED VACRT		2
		BUY PN NAS1611-246		
50	NAS1601-119	.PACKING VACRT		2
		BUY PN NAS1611-119		
60	NAS1802-4-6	.SCREW VACRT		12
- 65	NSA5355-4CA	.WASHER-LOCK VACRT		12
70	05-10021-0120	.SCREW VD4427		8
		05-10021-0120 I/W		
		06-0209-90-350 (VD4427)		
- 80	93-3601-00-000	.TANK VD4427		1
		93-3601-00-000 I/W		
		93-3601-00-001 (VD4427)		

-ITEM NOT ILLUSTRATED
MISSING ITEMS AND VARIANTS ARE NOT APPLICABLE

38·11·41
PAGE 1 - 1
APR.01/06

Printed in France

圖7-20 空中巴士A330的IPC第38-11-04小節圖1的零件資訊表格

一個件號的鉚釘MS20426B3可以裝在波音747，也可能會存在於波音777、波音737上面，補給人員在乎的是件號的多樣性，而不僅僅是數量的多寡。

其次，即使定義好計算相同件號的方式，因為有些零件其實是在專業工廠才會用到，例如發動機上有幾萬或幾十萬個零件，但航空公司或維修廠不大可能全部都用，這樣子到底要不要把發動機的零件全部當成飛機零件來計算？起落架和APU這類複雜的系統也是如此。當然有人認為一定要全部都計算，這樣才夠完整，然而，如果一架波音747有600多萬個零件就是以這種包山包海的計算方式得到的統計數字，那麼，對一家操作波音747的航空公司有何意義？庫房裡面並不會完整備妥這600多萬個零件呀！扣除發動機、起落架、APU等等包含的細部零件，一架波音747也許只有不到10萬個零件被放在航空公司的補給庫房內。

最後是技術通報的問題。同一個機型可能因為不同技術通報執行與否，而有pre-SB和post-SB的差異，尤其是在航電系統方面，改裝造成件號不同的情況十分常見。例如一架波音747裝了兩具航管雷達迴波器（ATC Transponder），隨著技術通報的不同而有Mode A、Mode C、Mode S三種型式，並且每種型式還各有pre SB的件號尾碼-1和post SB的件號尾碼-2。於是就IPC而言，航管雷達迴波器的數量是2個，但在補給庫房裡，可能要為整個波音747機隊備妥6個件號的航管雷達迴波器才能避免缺件發生AOG的情形。再次重申，補給人員在乎的是件號的多樣性，而不僅僅是數量的多寡。

因此，如果想知道一架飛機有多少零件，可能無法獲得答案，或者得到了幾個截然不同且天差地遠的數字，因為回答的人大概都不會認真地一個一個統計，畢竟此一統計結果實在沒有很大的價值可言。

第四節　故障診斷手冊[8]

　　故障診斷手冊（trouble-shooting manual，簡稱TSM；或fault isolation manual，簡稱FIM）的目的是為了方便維修人員快速找出故障源頭並予以排除。

　　TSM是讓維修人員在地面能夠快速而準確地排除故障，以降低地停時間[9]。FIM提供用來識別、定位和改正故障的資訊[10]。某些機型的自我診斷能力不錯，例如波音747-400的中央維修電腦系統（central maintenance computer system，簡稱CMCS）會出現故障代碼（fault code）或訊息，好讓維修人員可以快速查閱FIM。因為這一部分涉及各機型的系統細節，已超出本書範圍，故不再深入探討。

　　無論是否以流程圖的方式來呈現，TSM和FIM的內容在本質上都是走流程的觀念。維修人員依序檢查並回答每個流程的問題，再按照YES或NO的結果順著箭頭走到流程的終點。不管是TSM還是FIM，都不會有完整的維修程序和零件資訊，在找到故障源頭之後，還得要利用AMM或IPC來找到正確的方法、零件或材料以便改正缺點。

　　本小節以第38章用水／廢水系統當中的飲用水箱為例，來對不同機型的TSM或FIM進行比較說明。

　　假設你遭遇到空中巴士A320飲用水箱無法加壓的故障，在TSM的

8本節參考文件：《波音747-400故障隔離手冊》、《空中巴士A320故障診斷手冊》、《ATR72故障診斷手冊》。

9引用自ATR72 TSM Introduction第2頁，原文為The TSM is a manual for use when the aircraft is on the ground. It is designed to provide ground maintenance crews with a quick and accurate means of isolating faults, in order to reduce downtime。

10引用自波音777 AMM Introduction第6頁，原文為the information used to identify, locate and correct any fault。

第38-12-00小節第201頁看到原因可能是下列幾個東西損壞所造成（如**圖7-21**所示）：

- 溢流閥門（overflow valve）。
- 加水限制電門（fill limit switch）。
- 控制鋼繩（control cable）。
- 飛機線路（aircraft wiring）。

於是先確定飲用水箱有水可用，再查看飲用水箱能否被加壓。如果無法加壓，就接著做故障排除的動作（如**圖7-22**所示）：

- 檢查有無空氣從溢流閥門8MP流出。
- 若8MP未關閉，則檢查並視需要調整加水限制電門5MP。
- 若故障還在，確定8MP的控制鋼繩3260MM可否自由移動。
- 若3260MM無法自由移動，則按照AMM TASK 38-14-48-000-001和AMM TASK 38-14-48-400-001更換控制鋼繩。
- 若故障還在，依據AMM TASK 38-14-44-000-001和AMM TASK 38-14-44-400-001更換溢流閥門8MP。
- 若故障還在，檢查並修理位於斷電器1MP和8MP接頭之間的線路。
- 若故障還在，檢查並確定排水閥門14MP的控制鋼繩3261MM可否自由移動。
- 若3261MM無法自由移動，則按照AMM TASK 38-14-48-000-001和AMM TASK 38-14-48-400-001更換控制鋼繩。
- 若故障還在，檢查並確定加水和排水閥門16MA的控制鋼繩3254MM可否自由移動。
- 若3254MM無法自由移動，則按照AMM TASK 38-14-47-000-001和AMM TASK 38-14-47-400-001更換控制鋼繩。

A320
TROUBLE SHOOTING MANUAL
<u>DISTRIBUTION - FAULT ISOLATION PROCEDURES</u>

TASK 38-12-00-810-814

No Pressurization of the Potable Water in Flight

1. <u>Possible Causes</u>

   - VALVE-OVERFLOW (8MP)
   - Fill limit switch 5MP
   - control cable 3260MM
   - aircraft wiring
   - control cable 3261MM
   - control cable 3254MM

2. <u>Job Set-up Information</u>

   A. Referenced Information

REFERENCE   DESIGNATION

	AMM	12-15-38-613-001	Fill the Potable Water Tank System (Aircraft Electrical Power Available)
	AMM	38-10-00-614-001	Pressurization of the Potable Water System from a Ground Air Supply
	AMM	38-14-44-000-001	Removal of the Overflow Valve 8MP
	AMM	38-14-44-400-001	Installation of the Overflow Valve 8MP
	AMM	38-14-47-000-001	Removal of the Control Cable 3254MM
	AMM	38-14-47-400-001	Installation of the Control Cable 3254MM
R	AMM	38-14-48-000-001	Removal of the Control Cable
R	AMM	38-14-48-400-001	Installation of the Control Cable
	ASM	38-14/00	

3. <u>Fault Confirmation</u>

   A. Aircraft configuration

   (1) Make sure that there is water in the potable water system, if
       necessary do the servicing (Ref. AMM TASK 12-15-38-613-001).

   (2) Make sure that the potable water system is pressurized (Ref. AMM TASK
       38-10-00-614-001).

EFF : ALL	**38-12-00**	Page 201
		Nov 01/06

Printed in France

圖7-21　空中巴士A320的TSM第38-12-00小節敘述可能的故障原因

＠A320

TROUBLE SHOOTING MANUAL

4. Fault Isolation

A. If you cannot pressurize the potable water system:
   - do a check and make sure that no air flows from the VALVE-OVERFLOW (8MP).

   (1) If the over-flow valve 8MP is not closed:
       - do a check and adjust the Fill limit switch 5MP as necessary.

   (2) If the fault continues:
R   - do a check and make sure that the over-flow valve 8MP control cable
R   3260MM moves freely. If not, replace the control cable (Ref. AMM
R   TASK 38-14-48-000-001) and (Ref. AMM TASK 38-14-48-400-001).

   (3) If the fault continues:
       - replace the VALVE-OVERFLOW (8MP), (Ref. AMM TASK 38-14-44-000-001)
         and (Ref. AMM TASK 38-14-44-400-001).

   (4) If the fault continues:
       - do a check and repair the aircraft wiring between the:
         CB 1MP and the connector A/C VALVE-OVERFLOW (8MP), (Ref. ASM 38-14/00).

R (5) If the fault continues:
R   - do a check and make sure that the drain valve 14MP control cable
R   3261MM moves freely. If not, replace the control cable (Ref. AMM
R   TASK 38-14-48-000-001) and (Ref. AMM TASK 38-14-48-400-001).

R (6) If the fault continues:
R   - do a check and make sure that the fill and drain valve 16MA control
R   cable 3254MM moves freely. If not, replace the control cable (Ref.
R   AMM TASK 38-14-47-000-001) and (Ref. AMM TASK 38-14-47-400-001).

5. Close-up

A. After the subsequent flight, make sure that the fault does not continue.

EFF :   ALL

38-12-00   Page 202
                      Nov 01/05

Printed in France

圖7-22　空中巴士A320的TSM第38-12-00小節敘述故障隔離的流程

另一種情況發生在某架波音747-400，客艙組員在某天最後一趟航班任務結束時寫下一項故障：「前方G1廚房的水龍頭無法出水但其他廚房水龍頭出水正常」（No Water Flow from the Faucet in G1 but Normal from Faucets in other Gallery），於是你翻開FIM第38章，在38-10-00找到圖105適用於這個用水異常狀況。於是按照**圖7-23**所示的流程圖開始找出故障源頭，以便讓G1廚房的水龍頭正常出水。

　　首先由右上角方塊的提醒可知，先決條件（prerequisites）是要確認飛機已經上電（electrical power is on）。若飛機未上電，則要按照AMM第24-22-00小節的頁碼區塊201來上電。

　　確認飛機通電後，首先到G1廚房確認水龍頭是否真的不會出水，當飛機出現任何故障時，最好再次確認故障是否重複發生。

　　一旦確認G1廚房的水龍頭無法出水，便得依序走**圖7-23**的流程。第一步是 "FIND THE WATER SHUTOFF VALVE AT THE LAVATORY (OR GALLEY). IS THE SHUTOFF VALVE OPEN?"，也就是在G1廚房找到用水關斷閥（water shutoff valve），查看這個閥門是否開啟，若是關閉狀態，當然G1廚房的水龍頭無法出水。將關斷閥打開，便可讓G1廚房的水龍頭正常出水。若關斷閥是開啟狀態，就繼續順著流程圖往下走。

　　第二步是查看水龍頭出水是否正常。因為先前你已經重複這個故障情形，所以在此步驟的結果是NO，那麼進入第三步。當然，如果先前打開G1廚房水龍頭時能夠正常出水，也可以在此順著YES的箭頭去做AMM第30-71-00小節頁碼區塊501裡面的HEATED SUPPLY HOSE AND INLINE HEATERS TEST，也就是水管加熱和入口加熱器的測試，因為可能是加熱器故障導致水管結冰而無法正常供水，那麼反而要接著做加熱器的故障排除工作。

　　第三步是查看供水管（EXAMINE THE WATER SUPPLY LINE）是否結冰（IS THE WATER LINE FROZEN?）。如果水管真的結冰了，

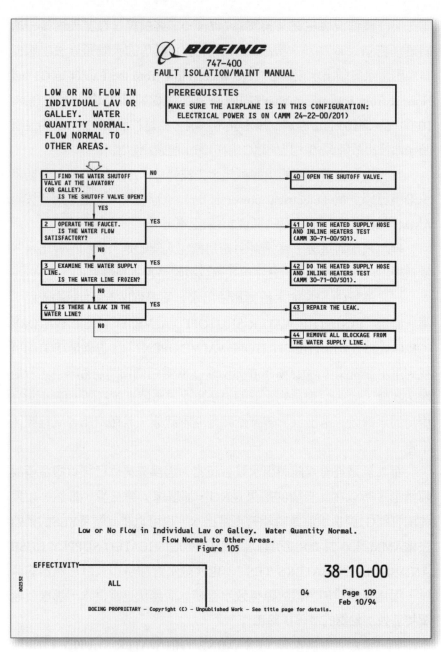

圖7-23　波音747-400的FIM第38-10-00小節所述的流程圖

就要執行AMM第30-71-00小節頁碼區塊501裡面的HEATED SUPPLY
HOSE AND INLINE HEATERS TEST，也就是水管加熱和入口加熱器
的測試。如果水管並未結冰，就繼續順著流程圖往下走。

　　第四步是檢查水管有無漏水（IS THERE A LEAK IN THE WATER
LINE?）。萬一漏水的話，就沿著YES的箭頭去修理漏水的地方，可能
是水管破裂，那就查閱IPC領用水管來更換；也可能是水管接頭鬆脫，
那便查閱AMM來上緊。但若找不到漏水的地方，就要從G1廚房出發
往飲用水箱，一路上的供水管逐一拆開，看看哪裡有異物堵塞，清除
全部異物之後（remove all blockage from the water supply line），再回
頭檢查G1廚房水龍頭是否可以正常出水。

　　比較TSM和FIM的內容可發現，空中巴士A320的TSM採取文字敘
述的方式，一步一步指導維修人員試著排除故障，似乎不容易閱讀。
反觀波音747-400的FIM採取流程圖的做法，維修人員沿著箭頭走，很
容易就排除故障，可讀性會好很多。

　　以上所述就是進行故障診斷的一般做法，原則上按照TSM的步
驟或FIM的流程圖來工作，並不會有問題。但有些人憑著長年維修經
驗，已經累積出自己的一套故障診斷方法，就可能不依據TSM的步驟
或FIM的流程圖，而直接從最有可能發生的故障源頭下手，反倒更快
速地改正缺點，因此他們會輕視TSM或FIM的價值。無論如何，還是
建議經驗不足的新進維修人員，先查閱TSM或FIM一步一步做，或許
要花較長的時間，但遵循手冊至少不會出差錯。

第五節　線路圖手冊[11]

　　線路圖手冊（wiring diagram manual，簡稱WDM）是把航空器的電氣線路繪製成冊，好讓維修人員看到一條電線的編號，可以在線路圖裡頭找到兩端連接到什麼地方。在量測電路、尋找故障位置時，WDM有很大的助益。

　　在前一節使用TSM或FIM時，多半都有一個基本假設：電路絕對是正常的，既沒有短路（short）也沒有開路（open）。然而在現實世界中，即使機率不高，但仍然有時候故障是由短路或開路的電線造成，例如兩條電線的絕緣層磨破導致彼此的銅心接觸而短路，或是電線接頭鬆脫導致開路。因此，當使用TSM或FIM無法改正缺點時，就可以把工作重點轉移到電路上，利用WDM來量測電路、尋找故障位置。

　　本節只針對WDM的內容來介紹，並不說明如何以三用電表來做故障診斷。

　　WDM的第00-00-00小節會列出一般的電氣符號，如果不熟悉的話，可以查看圖7-24。

　　由於電氣裝置的數量很多，所以在WDM會特別整理出分門別類的各種清單，像是91-02-00斷電器清單（circuit breaker list）、91-21-11電線清單（wire list）、91-21-12備份電線清單（spare wire list）、91-21-21接地清單（ground list）、91-21-51接線清單（hookup list）等等。

　　在此，以圖7-25和圖7-26所示的裝備清單（equipment list）為例來做進一步說明。由左而右第一欄是裝備編號（equip），其編號方式在

---

[11]本節參考文件：《波音757線路圖手冊》、《MD80線路圖手冊》。

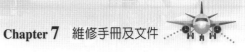

圖7-24　MD80線路圖手冊第00-00-00小節所列的電氣符號範例

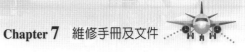

MD-80 WIRING DIAGRAM MANUAL

Equip	Opt	Part Number / Part Description	IPC Illustration / Vendor	Qty	Diagram	Effectivity
A30-20		522-4255-001 ANTENNA ASSY-RADIO, ALTIMETER (V4V792), (CUSTOMER FURNISHED)	34-37-00-05A-022 V4V792		34-45-02, 34-45-21	107-109
A30-20		9599-607-12337 ANTENNA ASSY-RADIO, ALTIMETER (VF6170), (BUYER DESIGNATED)	34-37-00-05E-060 VF6170		34-45-02, 34-45-21	110-111
A30-34		S65-8262DC10A ANTENNA ASSY-(VHF-1), (V13691)	23-20-00-06A-085 V13691		23-21-01	ALL
A30-35		S65-8262DC10A ANTENNA ASSY-(VHF-2), (V13691)	23-20-00-06A-020 V13691		23-21-02	ALL
A30-41		S65-8262DC10A ANTENNA ASSY-(VHF-3), (V13691)	23-20-00-06A-022 V13691		23-21-03	107-111
A30-42		2041444-0403 DRIVE UNIT-ANTENNA, (V27914) (CUSTOMER, FURNISHED)	34-41-00-06B-025 V27914		34-43-01, 34-43-02	101
A30-42		2041444-0403 DRIVE UNIT-ANTENNA, (V27914)	34-41-00-06B-025 V27914		34-43-01, 34-43-02	103, 106
A30-42		2041444-0403 DRIVE UNIT-ANTENNA, (V27914) (BUYER, DESIGNATED)	34-41-00-06B-025 V27914		34-43-01, 34-43-02	104-105
A30-42		622-5135-001 MOUNT-(V4V792), (CUSTOMER FURNISHED), ADD BY SM09340012	34-41-00-06B-025 V4V792		34-43-01, 34-43-02	107-109
A30-42		622-5135-201 MOUNT-ANTENNA (V4V792), (BUYER DESIGNATED)	34-41-00-06B-026 V4V792		34-43-01, 34-43-02	110-111
A30-43		S72-1712-9 ANTENNA ASSY-ARINC 712, ADF-1 (V13691)	34-31-00-04B-010 V13691		34-33-01	101, 104-106, 110-111
A30-43		S72-1712-9 ANTENNA ASSY-ARINC 712, (ADF-1) (V13691)	34-31-01-04 -010 V13691		34-33-01	103
A30-44		S72-1712-9 ANTENNA ASSY-ARINC 712, ADF-2 (V13691)	34-31-00-04B-015 V13691		34-33-02	101, 104-106, 110-111
A30-44		S72-1712-9 ANTENNA ASSY-ARINC 712, ADF-2 (V13691), ADD BY CA EA 9-34-13	34-31-00-04C-060 V13691		34-33-02	108-109
A30-45		418-312-001 ANTENNA COUPLER-(V90073), (CUSTOMER FURNISHED)	34-50-00-08 -018 V90073			103

EQUIPMENT LIST

TP-80WD

Section A30-0000
Page 3
Aug 15/2014

圖7-25　MD80線路圖手冊所含的裝備清單範例

757-200 WIRING DIAGRAM MANUAL

Equip	Opt	Part Number / Part Description	Used On Dwg / Vendor	Qty	Diagram Station / WL / BL	Effectivity
M00252		S220T112-102 ANTENNA-XMTR RADIO ALTIMETER,LEFT	284N1348 81205	1	34-33-11 570/148/L012	101-999
M00252	1	S220T112-101 ANTENNA-XMTR RADIO ALTIMETER,LEFT	284N1348 81205	1	34-33-11 570/148/L012	001-099
M00252	2	S220T112-102 ANTENNA-XMTR RADIO ALTIMETER,LEFT	284N1348 81205	1	34-33-11 570/148/L012	001-099
M00253		S220T112-102 ANTENNA-RCVR RADIO ALTIMETER,LEFT	284N1348 81205	1	34-33-11 0610/148/L012	101-999
M00253	1	S220T112-101 ANTENNA-RCVR RADIO ALTIMETER,LEFT	284N1348 81205	1	34-33-11 0610/148/L012	001-099
M00253	2	S220T112-102 ANTENNA-RCVR RADIO ALTIMETER,LEFT	284N1348 81205	1	34-33-11 0610/148/L012	001-099
M00254	1	S220T112-101 ANTENNA-XMTR RADIO ALTIMETER,RIGHT	284N1348 81205	1	34-33-21 0570/148/R012	001-099
M00255		S220T112-102 ANTENNA-RCVR RADIO ALTIMETER,RIGHT	284N1348 81205	1	34-33-21 0610/148/R012	101-999
M00255	1	S220T112-101 ANTENNA-RCVR RADIO ALTIMETER,RIGHT	284N1348 81205	1	34-33-21 0610/148/R012	001-099
M00255	2	S220T112-102 ANTENNA-RCVR RADIO ALTIMETER,RIGHT	284N1348 81205	1	34-33-21 0610/148/R012	001-099
M00256		S220T112-102 ANTENNA-XMTR RADIO ALTIMETER,CENTER	284N1348 81205	1	34-33-31 0570/148/	101-999
M00256	1	S220T112-101 ANTENNA-XMTR RADIO ALTIMETER,CENTER	284N1348 81205	1	34-33-31 0570/148/	001-099
M00256	2	S220T112-102 ANTENNA-XMTR RADIO ALTIMETER,CENTER	284N1348 81205	1	34-33-31 0570/148/	001-099
M00257		S220T112-102 ANTENNA-RCVR RADIO ALTIMETER,CENTER	284N1348 81205	1	34-33-31 0610/148/	ALL
M00257	1	S220T112-101 ANTENNA-RCVR RADIO ALTIMETER,CENTER	284N1348 81205	1	34-33-31 0610/148/	001-099
M00262		S220T114-101 ANTENNA-VOR	284N1703 81205	1	34-51-11 FIN400/FS/	ALL
M00263		S220T116-1 ANTENNA-DME,LEFT	284N1346 81205	1	34-55-11 630/150/	ALL

EQUIPMENT LIST
D280N044

Section M00200
Page 4
Dec 09/2005

BOEING PROPRIETARY - Copyright © Unpublished Work - See title page for details

圖7-26　波音757線路圖手冊所含的裝備清單範例

不同機型有不同的做法。舉例來說，天線在MD80的WDM被列為A30開頭（圖7-25），而波音757的WDM則是M開頭（圖7-26）。若有代用品（option），第二欄會出現數字，1表示第一優先代用，2表示第二優先代用。第三欄是件號及其名稱，第四欄是對應的IPC或藍圖編號及其製造廠商（vendor）代碼；當然也可以利用件號在IPC的件號索引中找到對應的圖號。第五欄是數量，在波音757的裝備清單中會標示，但在MD80的裝備清單裡面則未列出，所以若想知道某個電氣裝置的數量，還是要查閱IPC。第六欄是WDM圖號，同一個裝備可能出現在好幾張圖。波音757的裝備清單還會在第六欄列出位置，以前後站位（station）／高低水線（water line）／左右縱剖線（buttock line）來標

示，其中FIN代表垂直尾翼、FS代表前翼樑（Front Spar）。最右邊一欄則是有效性。

維修人員面對電線可能會有下列兩種情況：(1)在飛機上看到電線的號碼，想知道這條長長的電線兩端接到哪裡，兩端各延續什麼編號的電線。(2)在WDM看到一條電線的號碼，想知道這條電線位於飛機上什麼區域。

在第一種情況，例如看到W4053-001CX這條電線，已知線束號碼（wire bundle number）是W4053，故在91-21-11電線清單找到W4053，對應的線路圖是34-55-11，一端接在D00237接頭，另一端接在D42145P接頭（如**圖7-27**）。接著翻開WDM 34-55-11，在右下角看到W4053-001CX這條電線，知道D00237接頭在裝備編號M263的左側

BOEING®									**757-200 WIRING DIAGRAM MANUAL**					

Bundle No. Wire No.	Part Number GA CO TY			Fam	Description FT-IN	Diagram	From Equip	Term	Type	Splice	To Equip	Term	Type	Splice	Effectivity
W4051	286N4051				CENTER RCVR RAD ALTM (LRRA) ANTENNA										
001CO				AA	0-0	34-33-31	D00227	=C1			D00223A	=C71			ALL
001CX		65		AA	17-3	34-33-31	D00227	=A1			D00223A	71	5E		ALL
W4053	286N4053				LEFT DME ANTENNA TO E/E BAY										
001CO				AA	0-0	34-55-11	D00237	=C1			D42145P	=C1			ALL
001CX		JB		AA	24-9	34-55-11	D00237	=A1			D42145P	=A1			001-099
001CX		JB		AA	25-4	34-55-11	D00237	=A1			D42145P	=A1			101-999
W4055	286N4055				RIGHT DME (STA 972 TO E/E BAY)										
001CO				AA	0-0	34-55-21	D00241	=C1			D42147P	=C1			ALL
001CX		JB		AA	23-11	34-55-21	D00241	=A1			D42147P	=A1			ALL
W4057	286N4057				E4-4 SHELF TO RIGHT SIDEWALL										
0001	22		GA		33-9	23-34-12	D41547J	6			D00481	F			001-099
0001	22		GA		32-10	23-34-02	D41547J	7			D00481	10			101-999
0002	22		GA		73-10	23-34-02	D41547J	12			D01371	F			001-099
0002	22		GA		32-10	23-34-02	D41547J	10			D00481	11			101-999
0003	22		GA		32-10	23-34-02	D41547J	11			D00481	12			101-999
0004	22		GA		32-10	23-34-02	D41547J	12			D00481	13			101-999
2001B	18		GB	AA	33-9	23-34-12	D41547J	5	18		D00481	E	18		001-099
2001R	18		GB	AA	0-0	23-34-12	D41547J	15	18		D00481	D	18		001-099
2002B	18		GB	AB	73-10	23-34-12	D41547J	13	18		D01371	E	18		001-099
2002R	18		GB	AB	0-0	23-34-12	D41547J	10	18		D01371	D	18		001-099
2501B	24		W9	AA	32-10	23-34-02	D41547J	1			D00481	5			101-999
2501W	24		W9	AA	0-0	23-34-12	D41547J	2			D00481	4			101-999
2501Z				AA	0-0	23-34-02	D41547J	PERB			D00481	PERB			101-999
2502B	24		W9	AB	32-10	23-34-02	D41547J	4			D00481	2			101-999
2502W	24		W9	AB	0-0	23-34-02	D41547J	3			D00481	1			101-999
2502Z				AB	0-0	23-34-02	D41547J	PERB			D00481	PERB			101-999
2503B	18		GU	AC	32-10	23-34-02	D41547J	6	18		D00481	15	18		101-999
2503R	18		GU	AC	0-0	23-34-02	D41547J	5	18		D00481	14	18		101-999
2503Z				AC	0-0	23-34-02	D41547J	PERB			D00481	PERB			101-999
2504B	24		W9	AD	32-10	23-34-02	D41547J	9			D00481	8			101-999
2504W	24		W9	AD	0-0	23-34-02	D41547J	8			D00481	7			101-999
2504Z				AD	0-0	23-34-02	D41547J	PERB			D00481	PERB			101-999
5001B	24		W9	AC	33-9	23-34-12	D41547J	2			D00481	B			001-099
5001W	24		W9	AC	0-0	23-34-12	D41547J	3			D00481	A			001-099
5001Z				AC	0-0	23-34-12	D41547J	1			D00481	C			001-099

WIRE LIST
D280N044

91-21-11
Section W4050
Page 1
Dec 09/2005

BOEING PROPRIETARY - Copyright © Unpublished Work - See title page for details

圖7-27　在波音757電線清單找到W4053-001CX對應到圖34-55-11

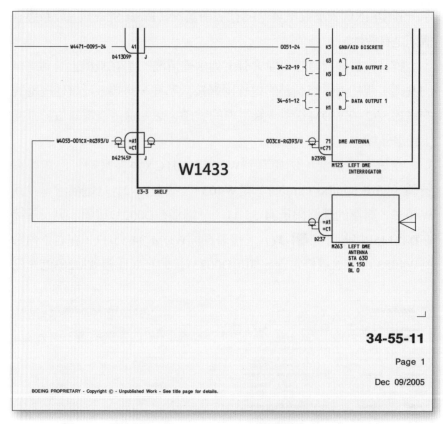

圖7-28　在波音757的WDM 34-55-11找到電線W4053-001CX

DME（Distance Measuring Equipment距測儀）天線上，且M263裝在站位630、水線150、縱剖線0的位置（如圖7-28）。而另一端D42145P接頭，透過接點J和W1433-003CX這條電線連到裝備編號M123的D239B，且M123這個左側DME詢問器（interrogator）則裝在E3-3架子（shelf）上。這樣就可以在看到電線W4053-001CX後知道兩端接往何處，以及延續到什麼電線、哪些裝備。

　　在第二種情況，例如已經從WDM 34-55-11（圖7-28）看到另一條電線W4471-0095，可知藉由這條電線與另一個架子E2-1相連（圖7-29

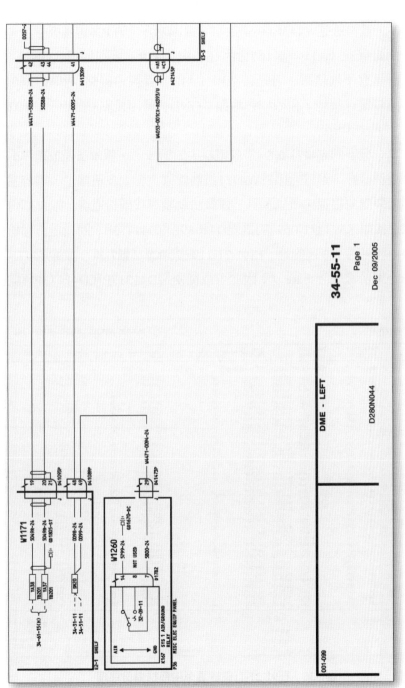

圖7-29 在波音757的WDM 34-55-11由電線W4471-0095續查其他線路

左側），且再透過W4471-0094接到P36那塊板子。在P36這塊板子上，有一個繼電器（relay）K167會因在空中（AIR）或在地面（GND）的狀態而有不同結果。若是在空中（AIR）就經由接點14和W1260-5799這條電線接地，但假如在地面（GND）便因接點8未使用（NOT USED）而無作用。

萬一發現到W4471-0094這條電線中間斷掉，一種做法是把斷掉的部分重新接好，但可能因爲W4471這捆線束包含太多電線了，不容易找到斷裂處並接線。所以，另一種做法就是尋找備份電線，改以備份電線連接原來W4471-0094的兩端D41089P和D41473P。問題是有備份電線可利用嗎？幸運的是，由91-21-11電線清單（**圖7-30**）看到W4471-0093是備份電線（spare）！因此可以從兩端D41317P和D41473P解開

BOEING　　　　　　　　　　**757-200 WIRING DIAGRAM MANUAL**

Bundle No. Wire No.	Part Number GA CO TY	Fam	Description FT-IN	Diagram	From Equip	Term	Type	Splice	To Equip	Term	Type	Splice	Effectivity
W4471	286N4471		E/E RACK,INTERRACK LEFT (continued)										
0089	24 GK		15-8	34-61-13	D41477P	45			D41093P	5			ALL
0090	24 GK		15-8	34-61-13	D41477P	46			D41093P	6			ALL
0091	24 GK		15-8	34-61-13	D41477P	44			D41093P	7			ALL
0093	24 GK		13-1	SPARE	D41317P	45			D41473P	28			ALL
0094	24 GK		16-2	34-55-11	D41089P	49			D41473P	29			ALL
0095	24 GK		22-8	34-55-11	D41089P	48			D41309P	41			ALL
0096	24 GK		20-6	34-33-11	D41089P	50			D41325P	40			ALL
0097	22 GA		23-5	34-21-11	D41099P	12			D41317P	46			ALL
0098	22 GA		23-5	34-21-11	D41099P	13			D41317P	47			ALL
0099	22 GA		23-5	34-21-11	D41099P	14			D41317P	48			ALL
0101	24 GK		21-1	34-12-12	D41879P	39			D41089P	52			ALL
0102	24 GK		15-2	34-12-12	D41473P	32			D41091P	49			ALL
0103	24 GK		15-2	34-12-12	D41473P	31			D41091P	50			ALL
0105	24 GK		8-9	27-51-41	D41329P	6			D41325P	24			ALL
0106	24 GK		8-9	27-51-41	D41329P	7			D41325P	25			ALL
0107	24 GK		8-9	27-51-41	D41329P	8			D41325P	26			ALL
0108	24 GK		8-9	27-51-41	D41329P	9			D41325P	27			ALL
0109	24 GK		8-9	27-51-41	D41329P	10			D41325P	28			ALL
0110	24 GK		8-9	27-58-11	D41329P	11			D41325P	29			ALL
0111	24 GK		8-9	27-58-31	D41329P	15			D41325P	30			ALL
0112	22 GA		24-7	SPARE	D41481P	18			D41325P	45			ALL
0113	22 GA		15-1	SPARE	D41473P	33			D41905P	11			001-099
0114	24 GK		13-1	27-58-11	D41317P	49			D41473P	34			ALL
0115	24 GK		13-1	27-58-11	D41317P	50			D41473P	35			ALL
0116	24 GK		13-1	27-58-11	D41317P	51			D41473P	36			ALL
0117	24 GK		13-1	27-58-11	D41317P	52			D41473P	37			ALL
0119	22 GA		8-10	22-11-12	D41643P	22			D41905P	22			ALL
0120	22 GA		26-3	32-61-21	D41879P	1			D41311P	4			ALL
0121	22 GA		26-3	32-61-21	D41879P	2			D41311P	5			ALL
0122	22 GA		26-3	32-61-21	D41879P	3			D41311P	6			ALL
0123	22 GA		8-10	22-11-12	D41643P	23			D41905P	23			ALL
0126	22 GA		15-5	34-12-11	D41093P	23			D41473P	39			ALL
0127	22 GA		15-5	34-12-11	D41093P	24			D41473P	40			ALL
0128	24 GK		15-5	34-12-12	D41473P	41			D41093P	25			ALL
0129	22 GA		14-10	32-42-11	D41093P	17			D41475P	42			ALL
0130	22 GA		21-3	22-34-11	D41879P	4			D41097P	36			ALL
0131	24 GK		27-3	31-51-21	D41311P	7			D41481P	19			ALL
0132	24 GK		27-3	31-51-21	D41311P	8			D41481P	20			ALL
0133	24 GK		27-3	31-51-33	D41311P	9			D41481P	21			ALL

WIRE LIST
D280N044

BOEING PROPRIETARY - Copyright © Unpublished Work - See title page for details

91-21-11
Section W4470
Page 3
Dec 09/2005

圖7-30　在91-21-11電線清單中尋找備份電線

W4471-0093這條備份電線，改接D41089P和D41473P使兩者互連，便可取代中間斷掉的W4471-0094。然而，畢竟原來電線W4471-0094長度有16英呎2英吋，而備份電線W4471-0093只有13英呎1英吋，長度可能不夠；或者D41089P和D41473P兩端距離其實不到13英呎，故W4471-0093夠長。如果備份電線W4471-0093因為不夠長而無法使用，還有另一條更長的備份電線W4471-0112可以考慮。

電線號碼的末尾是電線粗細或規格，例如**圖7-28**的W4053-001CX-RG393/U、W1433-003CX-RG393/U末尾的RG393代表同軸電纜（coax cable），而**圖7-29**的W4471-0095-24、W4471-0094-24末尾的24代表電線粗細是AWG 24[12]，**圖7-30**的GA欄其中22代表電線粗細是AWG 22。

為了方便識別，電線的絕緣外皮都會用不同顏色。MD80和波音757線路圖手冊分別以**表7-1**和**表7-2**所列的縮寫代碼來表示電線的顏色。

表7-1　MD80電線顏色縮寫代碼

顏色	黑	藍	棕	綠	灰	橘	粉紅	紅	紫	白	黃
縮寫代碼	BK	BL	BR	GN	GY	OR	PK	RD	VT	WT	YE

表7-2　波音757電線顏色縮寫代碼

顏色	黑	藍	綠	紅	紫	白
縮寫代碼	OBLK	OBLU	OGRN	ORED	OVIO	OWHT

---

[12]AWG是American Wire Gauge（美國線規）的縮寫。

第六節　發動機手冊[13]

　　發動機手冊（engine manual，簡稱EM；有時也稱爲engine maintenance manual，簡稱EMM）和前述的AMM同樣都有第72章，但兩者所含內容可能有很大的差異。基本上EM是針對發動機從飛機上拆下（off aircraft）之後的維修工作而編寫，而AMM則是說明發動機裝在飛機上（on wing）之後的維修工作。所以，原則上EM只適用於發動機工廠（engine shop）。但有些時候，如果在飛機IPC找不到發動機零件的件號，也可以試著在整套EM所附的IPC裡頭找看看，或許有機會查詢到所需件號。然而，還是有可能在任何IPC都無法找到某些零件的件號，這是因爲發動機少數零件需要利用非常特殊的工具或昂貴的裝備才能拆裝，而且僅僅授權由幾家發動機專業維修廠來執行更換工作，因此發動機製造商不提供這些零件的件號，航空產品使用人或無授權的發動機工廠也無法訂購這些發動機少數零件。遭遇這種情況時，航空產品使用人只能在IPC查詢上一層組合件（NHA）的件號後下單訂購，接收入庫再由維修人員處理整個組合件，而不能更換下一層的單一零件。

　　EM如同前述AMM一樣由各個頁碼區塊來分隔不同種類的維修工作，但頁碼區塊的劃分與AMM不盡相同。除了頁碼區塊1至100和頁碼區塊201至300同爲概述和維修實作之外，依據Pratt & Whitney的JT9D EM How To Use第9頁表1，其餘的頁碼區塊劃分如下：

・301至400是拆卸（removal）。
・401至500是安裝（installation）。

---

[13]本節參考文件：Pratt & Whitney的《JT9D發動機手冊》。

- ‧501至600是分解（disassembly）。
- ‧601至700是清潔（cleaning）。
- ‧701至800是檢查（check）。
- ‧801至900是檢驗（inspection）。
- ‧901至1000是修理（repair）包含上漆（painting）。
- ‧1001至1100是組裝（assembly）。
- ‧1101至1200是保養（servicing）。
- ‧1201至1300是儲存（storage）。
- ‧1301至1400是測試（testing）。

　　EM會有如此的安排與發動機維修工作的順序有關，如果發動機零組件不修理的話，只是單純拆下損壞或到達壽限的零組件，在頁碼區塊301查閱拆卸步驟，只要接著頁碼區塊401安裝可用件即可，故拆裝程序就安排在相鄰兩個頁碼區塊。如果發動機零組件需要修理，拆下後先按照頁碼區塊501來做分解，再由頁碼區塊601所述的步驟清潔並去除塗層（coating），接著以頁碼區塊701或801的適用程序來查看，然後才依據頁碼區塊901完成修理作業（包含上漆或塗層），並以頁碼區塊1001所述的步驟來重新組合。其中，檢查和檢驗的區分原則是：檢驗適用於發動機各段和零件的整修（refurbishment），而檢查則適用於與整修無直接關係的工作[14]。因此，像是疑似鳥擊後檢查（inspection after suspected birdstrike）、內視鏡（borescope）檢查，都要查閱頁碼區塊701的檢查而非801的檢驗。

　　在頁碼區塊1至99的概述當中，會列出發動機的規格，例如由

---

[14]引用自Pratt & Whitney的《JT9D發動機手冊》，How to Use Manual第1頁，原文爲Inspection requirements are provided which allow for the refurbishment of engine sections and parts. Check sections are provided to allow for inclusion of inspection information not directly associated with the refurbishment of parts or engine sections。

圖7-31可知Pratt & Whitney的JT9D發動機是軸流（axial-flow）、雙軸（two spool）的型式，其點火激電器（ignition exciter）和激電器到點火塞（igniter plug）的連接電纜是由BF Goodrich公司製造，而滑油規範則是PWA 521（詳見技術通報238）。

在頁碼區塊201的維修實作會列出較不常見的所需工具，例如在**圖7-32**就可看到用於風扇機匣（fan case）維修需要的人字形螺釘（tri-wing head screw）。

由於EM的複雜程度不亞於AMM，本書限於篇幅，無法鉅細靡遺地把EM做一個完整的介紹，故本節僅以Pratt & Whitney的JT9D EM第74章點火（ignition）系統為例，大致上說明EM的內容。

由目錄可知，EM第74章包含了下列主題：74-00-00的概述、74-11-01的點火激電器、74-21-01的激電器到點火塞的連接電纜、74-22-01的點火塞。

在第74-00-00小節的頁碼區塊201當中，提到了許多關於點火系統的維修重點。例如點火塞可連續點火的壽命是250至300小時。且因為JT9D發動機可以藉由水噴注系統把酒精水噴入燃燒室中，此時點火塞可能會碰到水，所以點火塞分成乾式點火塞（dry engine igniter）和濕式點火塞（wet engine igniter）兩種。乾式點火塞不得用於會有酒精水的濕發動機，而濕式點火塞則可用於沒有酒精水的乾發動機。

第74-00-00小節的頁碼區塊701是有關點火系統的檢查工作，包含：

1. 查看點火塞系統各組件是否安裝牢固、電線編織層（wire braid）是否磨損，以及冷卻氣流是否阻塞。
2. 查看激電器到點火塞的連接電纜是否硬化變脆，導電線的陶瓷絕緣層是否裂開，而可能導致如**圖7-33**所示的電氣閃火（electrical flashover）。

Pratt & Whitney
JT9D ENGINE MANUAL (PN 770408)

<u>ENGINE GENERAL - DESCRIPTION AND OPERATION</u>

<u>ENGINE SPECIFICATIONS</u>
<u>General</u>

Type ------------------------- Axial-Flow, gas turbine
                               turbo-fan

Number of Combustion Chambers -- One

Type of Combustion Chambers ---- Annular

Type of Compressor ------------- Two spool, 15 stage
                                 compressor, consisting
                                 of a 4 stage low pres-
                                 sure compressor
                                 (includes first stage
                                 "Fan") and an 11 stage
                                 high pressure compressor

Type of Turbine ---------------- 6 stage, split,
                                 having first and
                                 second stage high
                                 pressure turbine
                                 and third, fourth,
                                 fifth, and sixth
                                 stage low pressure
                                 turbine

Engine Weight (Accessories Included) ------- 8608 pounds (approx.)
                                             - JT9D-3A
                                             8770 pounds (approx.)
                                             - JT9D-7

Engine Length ----------------------------- 128 Inches (approx.)

Engine Inlet Diameter --------------------- 96 Inches (approx.)

<u>Ignition System</u>

Ignition Exciter -------------------------- BF Goodrich
Igniter Plugs ----------------------------- AC
Exciter-To-Igniter Plug Cables ------------ BF Goodrich

<u>Lubrication System</u>

Oil Specification ------------------------- PWA 521 (SB 238)

R
R

72-00-00
DESCRIPT-00
Page 007
APR 15/00
027

EFFECTIVITY   -ALL

图7-31   Pratt & Whitney的JT9D發動機規格

Pratt & Whitney
JT9D ENGINE MANUAL (PN 770408)
<u>ENGINE GENERAL – MAINTENANCE PRACTICES-01</u>
<u>(CORE ENGINE)</u>

1   2   3

L–52621

1. Phillips Head Screw Use No. 2 Point Size
    Phillips Driver

2. Torq-Set Screw Use No. 8 Torq-Set Driver

3. Tri-Wing Head Screw Use No. 5 Tri-Wing
    Driver

Liner Attaching Screw Types
And Drivers
Figure 210

R
R

EFFECTIVITY –ALL

72-00-00
MTN PRAC-01
Page 225
MAR 1/97
027

圖7-32　特殊的螺釘

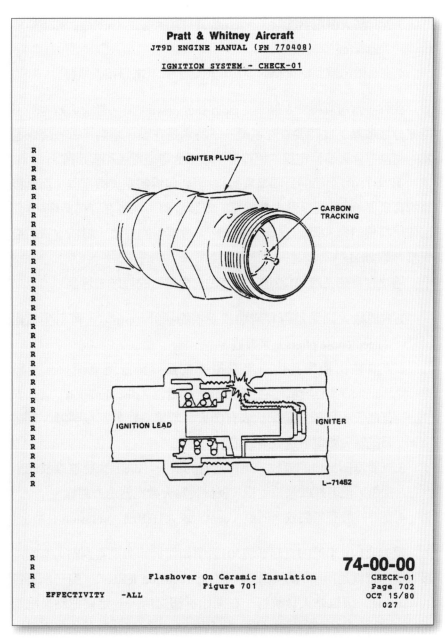

圖7-33　點火塞絕緣不佳會造成電氣閃火

3.查看點火激電器的端子（terminal）有無電弧（arcing）和碳殘跡（tracking）。

4.查看激電器到點火塞的連接電纜端子有無電弧和碳殘跡。

此外，當發動機突然關車（rapid shut down）時，點火系統也許不能充分地散熱。此時要查看電纜——特別是在點火塞端子——確保過熱的高溫不會影響到電線的絕緣層，才不會造成電弧和碳殘跡。

第74-11-01小節的頁碼區塊301說明如何拆卸點火激電器，而緊接著的頁碼區塊401則是點火激電器的安裝步驟。然後在頁碼區塊601列出使用有機溶劑和壓縮空氣來清潔點火激電器的方法，壓縮空氣的最大壓力是30psig。

隨之在頁碼區塊701敘述了檢查點火激電器的程序。包含：

1.查看輸入插頭是否有彎曲或受損的插針（pin），可用尖嘴鉗（needlenose pliers）來扳直。

2.查看輸出插座孔內有無受損或電弧痕跡或電氣閃火。接點（contact）有坑坑疤疤（pitting）或變色（discoloration）就代表有電弧，而碳殘跡則代表有閃火。若這些跡象都很明顯，就需要把點火激電器送去翻修工廠。

3.查看每個出口的螺紋。可用適合的模子（die）來修理螺紋的小損傷，但若螺紋嚴重受損，就得將點火激電器送去翻修。

4.查看外殼有無裂紋、凹痕（dent）或大片擦傷（abrasion）。

第74-21-01小節的頁碼區塊301說明如何拆卸激電器到點火塞的連接電纜，也就是所謂的高電壓導線（high tension leads）。有一個警告（warning）讓維修人員曉得：在開始拆卸之前，一定要把點火電門（ignition switch）置於off（關），且在off之後5或10分鐘之內不得碰觸點火系統組件，否則點火系統的高電壓會使人受傷。

接下來的頁碼區塊401說明如何安裝激電器到點火塞的連接電纜，要特別留意橡皮絕緣套（rubber bushing）和固定環（retaining ring）都必須換新，這兩者的件號都在附註（note）當中提及，如**圖7-34**所示。然後在頁碼區塊601列出使用有機溶劑和壓縮空氣來清潔高電壓導線的方法，壓縮空氣的最大壓力是30psig。

頁碼區塊701敘述了檢查高電壓導線的程序。包含：

1. 查看電纜絕緣層有無硬化、變脆、裂開，或有閃火的跡象。

2. 在更換橡皮絕緣套時，查看電氣接觸面有無電弧或閃火的跡象。坑坑疤疤（pitting）或變色（discoloration）代表有電弧，碳殘跡則代表有閃火。任何跡象明顯就要送到工廠修理。

3. 若導線絕緣層硬化、變脆、裂開，則送到工廠修理。

4. 查看曝露面有無滑油、灰塵或者會導電的污染物質。使用適當程序來清潔。

5. 當渦輪溫度過熱而突然關車時，必須查看高電壓導線——特別是在點火塞端子——確保過熱的高溫不會影響到電線的絕緣層。因突然關車使得冷卻空氣不足，會讓熱量透過點火塞和高電壓導線來消散，而造成橡皮絕緣層的退化，於是在端子產生電弧。

最後在第74-22-01小節，頁碼區塊301說明拆卸點火塞的步驟，同樣有一個警告讓維修人員曉得：在開始拆卸之前，一定要把點火電門（ignition switch）置於off（關），且在off之後5或10分鐘之內不得碰觸點火系統組件，否則點火系統的高電壓會使人受傷。此外，有一個注意（caution）讓維修人員曉得：若不換新的點火塞，就不要把固定在點火塞上的鍵墊圈（keywasher）或是點火塞底下的分隔片（spacer）拆掉。分隔片只能和原來的點火塞一起搭配使用，如果分隔片受損、遺失或分不清楚和哪個點火塞搭配使用，就要用特別的工具

Pratt & Whitney
JT9D ENGINE MANUAL (PN 770408)

EXCITER-TO-IGNITER PLUG CABLE (HIGH TENSION LEADS)
INSTALLATION-01

1. **Install Exciter-To-Igniter Plug Cables**

   A. Equipment And Materials

      (1) Consumable Materials

Name	Manufacturer
SPOP 208 Solvent	See Standard Practices Manual.

R

   B. Procedure

      (1) Remove protective caps from each end of cable and from mating output connector on ignition exciter.

      (2) Replace rubber bushings at both ends of cable. See Figure 401.

      NOTE: Bushing replacement procedure is not applicable to new cable assemblies.

      (a) Perform high tension contact and cable inspection during rubber bushing replacement.

      (b) Remove and discard retaining ring (7) from high tension contact (6).

      (c) Slide high tension insulator (5) and rubber bushing (3) from high tension cable (2). Discard rubber bushing.

R   (d) Clean new rubber bushing with clean lint-free cloth moistened with SPOP 208 Solvent.

      (e) Slide rubber bushing (3) and existing high tension insulator (5) on cable wire (2), and secure in place with new retaining ring (7) on high tension contact (6).

      NOTE: Rubber bushing (3) PN 23711 and retaining ring (7) PN 5100-25-H are available from Simmonds Precision, Engine Systems Division, Norwich-Oxford Road, Norwich, NY 13815, U.S.A.

74-21-01
INSTALL-01
Page 401
SEP 1/93
027

EFFECTIVITY -ALL

圖7-34 橡皮絕緣套和固定環的件號顯示在EM的附註當中

來決定分隔片的適當厚度。

　　於是在頁碼區塊401安裝點火塞的程序當中，就有使用件號PWA25814、27062、28402三種特殊工具來決定分隔片的適當厚度的方法。

　　最後的頁碼區塊701則陳述了點火塞的檢查程序，包含：

1.使用4焦耳或20焦耳的點火激電器來產生22至26仟伏特（KV）的電壓，查看點火塞的火花（spark）狀況是否與新的、已知的、好的點火塞相近。

2.若在目視檢驗時未發現內部缺陷，上述檢查步驟也可察覺出來。

　　以上就是以Pratt & Whitney的JT9D為例，介紹EM的頁碼區塊劃分方式，以及各頁碼區塊的大致內容。雖然大多數停機線或棚廠內的維修人員很少會用到EM，但面臨在AMM或IPC找不到有關發動機的資料時，查閱EM未嘗不是一個值得一試的可行方案。畢竟發動機對飛機的影響著實非常大，能夠利用EM來補充AMM或IPC的不足，才能把發動機維持在適航狀態，所以維修人員還是有必要瞭解EM。

 # 第七節　組件維修手冊[15]

　　組件維修手冊（component maintenance manual，簡稱CMM）類似EM，只是範圍局限於單一組件，例如裝在發動機齒輪箱上的液壓泵、發電機，或是起落架上的煞車組合件。原則上CMM只在各附件工廠

15本節參考文件：《SAFT組件維修手冊》24-32-22，下載網址tracebatteries.ru/d/476379/d/274ch2.pdf。

（accessory shop）使用，像是電瓶間、輪煞工廠、航電工廠、客艙座椅工廠，但有些時候，如果在IPC找不到某些零件的件號，也可以試著在CMM裡頭找看看，或許有機會查詢到所需件號。例如客艙座椅扶手上的螺絲脫落了，爲避免扶手斷裂而傷及乘客或客艙組員，就需要知道脫落的螺絲是什麼件號，然後到庫房領用正確件號的螺絲來爲客艙座椅的扶手裝上。

由於CMM的數量實在太多了，本書限於篇幅，無法廣泛地介紹各種CMM。本節僅以法國SAFT公司的274CH2型鎳鎘電池CMM 24-32-22爲例[16]，進一步說明CMM的內容。

由**圖7-35**左側所示的PDF書籤可知，一本CMM包含了：

- ・修訂版期記錄（record of revision）。
- ・暫時修訂頁記錄（record of temporary revision）。
- ・技術通報清單（service bulletin list）。
- ・有效頁次表（list of effective pages）。
- ・目錄（table of contents）。
- ・圖目（list of illustrations）。
- ・簡介（introduction）。
- ・敘述和操作（description and operation）。
- ・測試和故障排除（testing and fault isolation）。
- ・分解（disassembly）。
- ・清潔（cleaning）。
- ・檢驗／檢查（inspection／check）。
- ・組裝（assembly）。
- ・緊配和間隙（fits and clearance）。

---

[16] 依據http://tracebatteries.ru/f/22025-2-0919_1.pdf，274CH2型鎳鎘電池用於俄羅斯蘇霍伊（Sukhoi）Super Jet 100。

24-32-22

BLANK
Nov 08/2012

saft

Component Maintenance Manual
274CH2

DESCRIPTION AND OPERATION

1. Description

1-1. General

The batteries are connected to the aircraft system:
- According to the aircraft manufacturer, to start the engine or the APU.
- On the ground, to provide power before electrical power is supplied to the aircraft systems.
- In flight, if a malfunction or a failure occurs in the power supply system

2. Technical data

2-1. Characteristics

The most important characteristics are indicated in the table below.

Technical data		Values
	Type of cells	CVH271KH
	Number of cells	20
	Nominal voltage	24 V
	Rated capacity C_1(Ah)	27 Ah

圖7-35　SAFT組件維修手冊24-32-22

‧特殊工具、夾具、裝備和化學消耗品（special tools, fixtures, equipment and consumables）。

‧零件圖解（illustrated parts list）。

‧儲存（包含運送）（storage; including transportation）。

同樣也都以頁碼區塊的方式來劃分，例如頁碼區塊1001是測試和故障排除、3001是分解、7001是組裝、10001是零件圖解、15001是儲存（包含運送）。

其中段落2. Technical data會以表格方式顯示重要的技術資料，包含一顆電池有20個單元（cells），總額定電壓為24伏特、以一小時放電為標準的額定電池容量是27Ah（安培小時）、電解液成分、電池最大重量、長寬高尺寸……等等。段落5. Charge介紹了三種充電方法：定電流充電（constant current charge）、快速部分充電（rapid partial charge）、定電壓充電（constant potential charge）。

頁碼區塊1001列出整顆電池和各別單元可能發生的故障情況、故障原因，及其改正措施。頁碼區塊3001說明了把整顆電池拆解開來的步驟，其中第三列末尾特別提醒要在取出內襯分隔片（liner spacer kit）之前，記下其放置狀態（placement），以確保重新組裝正確（如**圖7-36**所示）。每個零件名稱都會以小括號標註在零件圖解（簡稱IPL）的項目編號，例如內襯分隔片就是220，用滑鼠點擊項目編號，便可直接跳至IPL看到件號和數量。

頁碼區塊4001包含了兩種清潔方法：輕度清潔（light cleaning）、完整清潔（thorough cleaning）。每次把電池從飛機上取下時，可以在不分解的狀態做輕度清潔。如果電池被拆解開來，就要按照完整清潔的方法來完成翻修（overhaul）。特別有一個注意事項（caution）是要求維修人員不要使用石油精（petroleum spirits）、三氯乙烯（trichloroethylene）等含有氯化物的清潔劑，因為會傷害到金屬和塑

圖7-36 頁碼區塊3001所示的分解步驟

膠零件。最後，當電池清潔完畢後，要在連接片和最上方的螺帽塗一層中性石油膠（neutral petroleum jelly），也就是凡士林。

頁碼區塊5001提到三種維修電池的型態：定期檢查（periodical check）、常規檢查（regular check）、一般翻修（general overhaul）。定期檢查包含電壓和絕緣的檢查、剩餘電量的放電、搭配電解液調整的充電，其目的是補充電池過度充電（overcharge）時消耗電解液裡頭的水分。常規檢查和定期檢查大致相同，但還會做深度放電（deep discharge，又稱balancing）。一般翻修和常規檢查大致相同，但還會把電池拆解開來，並進行徹底清潔和檢驗。這本CMM附有這三種維修型態的流程圖，對電瓶間的專業維修員（repairman）來說，一看圖就知道要做什麼事，很適合放大列印後貼在工作場所的牆上做為掛圖，也可以放在訓練文件當中做為教材的一部分。

頁碼區塊8001列出了兩個螺帽的扭力值，且提到在安裝前要為端子螺紋和螺帽都先塗上一層中性石油膠。而這中性石油膠就是在頁碼區塊9001指明其規格是美規VV-P-236/A或英規DEF 2333。

頁碼區塊10001是IPL，在分解爆炸圖中標明了項目編號，可與前述的拆裝程序相對應，且隨後的零件資訊表格也會如同第三節所述的IPC，把件號和組合關係的層次說明清楚。

最後一個頁碼區塊是有關儲存和運送的事項，例如建議把電池存放在20℃±15℃的環境中，但若偶爾過熱或過冷，只要在-60℃到60℃之間，還可以接受。鎳鎘電池要在加水並完全放電的情況下存放，若以密封包裝方式直立放置於20℃±15℃的環境中，且濕度小於70%，未遭受灰塵或腐蝕氣體的影響，儲存年限可長達10年。電池儲存在補給庫房內3個月到1年要做一次定期檢查，存放超過1年要做一次常規檢查。運送前要先放電並直立放置，但若要在已充電的狀態下運送，就得確定輸出端子不會短路。因為電池是危險物品（dangerous good），故運送時必須符合UN2795的規範。

以上是以SAFT的274CH2型鎳鎘電池CMM 24-32-22爲例來介紹組件維修手冊，本節最後要與各位讀者分享一下筆者對CMM的個人看法。

　　過去曾有人主張，停機線或棚廠的維修人員不可以用CMM做爲領取零件的維修依據，例如前述的客艙座椅扶手有螺絲脫落，停機線或棚廠的飛機維修人員必須把這組客艙座椅拆下，交由附件工廠的專業維修員來修理並恢復可用後，飛機維修人員才可以把這組客艙座椅裝上飛機。如果停機線或棚廠的飛機維修人員直接依據CMM來安裝正確件號的螺絲，是錯誤的行爲。

　　筆者認爲這樣的見解似乎過於武斷，應在兼顧經濟和安全的雙重目標之下，以組件維修動作的規模大小來判斷該由誰來執行較爲合適。

　　如果只是安裝一顆螺絲之類的扣件，非常容易在CMM裡頭找到正確件號，且CMM也沒有針對這類小零件有特定的維修程序（例如與衆不同的扭力值、要塗上化學封膠、使用特殊的工具），用一般的標準實作就可以解決這個缺失，那麼何必強迫飛機維修人員要把一整組客艙座椅拆下，再交由附件工廠的專業維修員來把這顆小螺絲裝上呢？更何況，如果公司沒有任何專業維修員有這種客艙座椅的認證，難道還要把整組客艙座椅大費周章地運送回原製造廠或合格維修廠來裝這麼一顆幾塊錢美金的小小螺絲嗎？未免顯得殺雞用牛刀、一點也不經濟吧！

　　但若是客艙座椅的椅腳鏽蝕，必須適當地除鏽、重新上防護塗層，即使CMM裡頭有這部分的座椅結構修理程序，飛機維修人員就不宜直接依據CMM來處理這組客艙座椅，最好是從飛機上拆卸後送原製造廠或合格維修廠來進行專業的修理工作，才能眞正確保客艙座椅安全無虞。

第八節　結構修理手冊[17]

結構修理手冊（structure repair manual，簡稱SRM）正如其名，就是用於修理結構的技術文件。

SRM包含可被允許的結構受損準則（allowable structural damage criteria）、結構材料識別（structure material identification）、適用於最可能受損的飛機結構組件之修理設計（repair designs applicable to structural components of the airplane that are most likely to be damaged），以及熟悉飛機的相關資訊和一般的修理實作和材料（information pertinent to airplane familiarization and to general repair practices and materials）[18]。

儘管有SRM，然而，並非飛機上任何結構的修理程序都可以在SRM找到。如果某個結構部位受損了，但維修人員在SRM找不到適合的修理方法和材料規格，不代表這個結構部位是不可修理的。之所以在SRM找不到適合的修理資訊，有可能是因為還沒有通用性的修理設計，或者是在這一機型的服役經驗當中尚未顯示有類似的需求[19]。此時，需要由飛機製造廠來評估結構修理的可行性，才能提出受損結構部位的修理方案，以及大略的修理費用，再讓飛機所有人（owner）來決定值不值得把受損的結構部位修妥使飛機恢復適航。若是飛機所有人認為不值得，例如飛機殘值太低，把發動機、螺旋槳、起落架、APU、航電設備等等高價航材拆下來轉售或留著當備份件，剩下的機

---

[17] 本節參考文件：《波音747-400結構修理手冊》、《空中巴士A300-600結構修理手冊》、《DC-9/MD80結構修理手冊》。

[18] 引用自《波音747-400結構修理手冊》概述（Introduction）的段落A。

[19] 引用自《波音747-400結構修理手冊》概述（Introduction）的段落B。

殼以廢五金賣掉，如此的處理方式還比較划算，那麼這架受損的飛機就會被報廢而不會進行結構修理。

當然，無論飛機所有人最後做出什麼決定。如果飛機製造廠覺得有必要把修理設計加入SRM，就會修訂SRM讓此機型的其他使用人參考。所以，雖然SRM不像AMM或IPC頻繁地定期修訂，但仍然是一本活的維修手冊，也就是有機會更新版本，而非十幾二十年都是原始版本。維修人員千萬不可因為SRM久久修訂一次，就懶得去檢查SRM是否為最新版期，還是要以看待AMM、IPC或其他維修手冊的態度來確保所用的SRM是最新版本才行。

總之，萬一維修人員發現結構受損但在SRM無法找到對應的修理方案，有下列方法可以考慮：

1. 依據最新版期SRM的第51章一般性修理實作和程序來修妥受損部位。
2. 等到適合此受損情況的特定修理設計被核准之後，再拿來施工。
3. 直接更換受損的結構組件。

SRM在第51章有一般性修理實作和程序，其中包含了主要結構（parimary structure）和次要結構（secondary structure）的圖示，如**圖7-37**。波音747-400的機身從前壓力隔框（bulkhead）到尾錐（tail cone），以及主翼前後翼樑（spar）之間、尾翼前後緣之間，還有副翼、升降舵、方向舵、前後緣襟翼、擾流板等飛操面，都是主要結構。而機鼻雷達罩（nose radome）、前後起落架艙門、翼端帆（winglet）、整流罩（fairings）、發動機外罩（cowls）等等，則是次要結構。

在DC-9/MD-80的SRM第51-00節第2頁的12. Structure Classifications定義了主要結構和次要結構，分別如下所述：

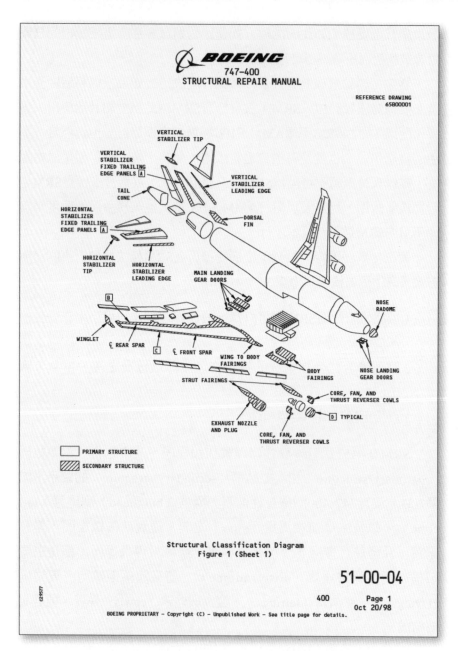

圖7-37　波音747-400的主要結構和次要結構

・主要結構是指顯著地承受地面、飛行和加壓負載的結構[20]。

・次要結構是指並未顯著地承受地面、飛行和加壓負載的結構[21]。

　　意思是說，如果某一個飛機結構部位在地面、在飛行當中，或被加壓時，會受到明顯的力量，那麼就屬於主要結構；否則便是次要結構。

　　除此之外，在第52章至第57章則是針對艙門、機身、機翼進行特定修理的資訊。依據頁碼區塊的原則來劃分，第1至99頁是結構組件的識別（structure identification），第101至199頁是可允許損傷（allowable damage）的準則，第201頁以後則是各種修理程序。圖號也依頁碼區塊來編號，在頁碼區塊101的圖從101開始編號，而不是接著第1至99頁的圖號順序；同樣地，從第201頁開始，圖將從201開始編號，而不是接著頁碼區塊101的圖號順序繼續下去。

　　SRM的使用方法如下：

1. 查閱可允許損傷的準則。例如波音747-400的水平安定面縱桁（horizontal stabilizer stringer）受損，就要翻開SRM第55章，從目錄找到第55-10-03小節的標題是水平安定面縱桁，再查閱頁碼區塊101所列的可允許損傷準則。

2. 識別受損部位的材料。例如在SRM的第55-10-03小節第1至99頁區塊找到所需材料。

3. 查看是否有修理資訊。例如在SRM的第55-10-03小節的目錄尋找，或從第201頁往後翻看看有沒有適合的水平安定面縱桁修理設計方案。

---

[20] 原文為Structure parts which significantly contribute to carrying ground, flight, and pressurization loads are classified as PRIMARY structure。

[21] 原文為Structure parts which do not significantly contribute to carrying ground, flight, and pressurization loads are classified as SECONDARY structure。

　　若打算直接更換受損的結構組件，此時通常無法在IPC找到所需件號。於是要準備下列資料傳送給飛機製造廠來獲得備份件：

　　1.影印或擷取SRM關於受損結構部位那幾頁的圖文。

　　2.在圖文上標示受損結構部位，記得要註明左右側、上下側。

　　3.提供受損結構部位的損傷照片。

　　4.標示飛機型別和MSN（製造序號）。

　　5.採購訂單（purchase order，簡稱PO）。

　　本節以主翼（wing）結構當中的翼端帆（winglet）或翼尖（wing tip）為例，來對不同機型的SRM內容做進一步說明。

　　首先看波音747-400客機的SRM如何描述翼端帆的結構修理。

　　當停機線維修人員在執行360度檢查時，發現翼端帆前緣不知被什麼東西打破了幾個洞，於是查閱SRM第57-30-00小節。首先在頁碼區塊1至99看到材料資訊，如圖7-38所示。

　　由結構材料資訊可知，翼端帆前緣是由厚度（gage）0.063英吋的7075-T62鋁合金製成，因此，查閱頁碼區塊101的可允許損傷準則（圖7-39）時，要看SKIN（ALUMINUM）那一列。因為發現有破洞，所以要看HOLES AND PUNCTURES那一欄，也就是標示C。再由下方的C知道破洞的可允許最大直徑是0.25英吋，且相鄰兩洞距離不能小於0.75英吋，能使用2117-T3或T4的鋁合金鉚釘配合編號BMS 5-95的封膠來補破洞。

　　因此，維修人員必須先測量各個破洞的直徑，並拍照留存（照片要可見到尺寸標示），以便日後民航局或運安會調閱修理報告時，可知當初的受損情況。如果破洞超過可允許最大直徑0.25英吋，單靠鉚釘並無法補好破洞，就得繼續在頁碼區塊201尋找其他的修理程序。在圖7-40可看到翼端帆前緣的蒙皮修理工作要參考圖203，於是再翻到圖203，如圖7-41所示。

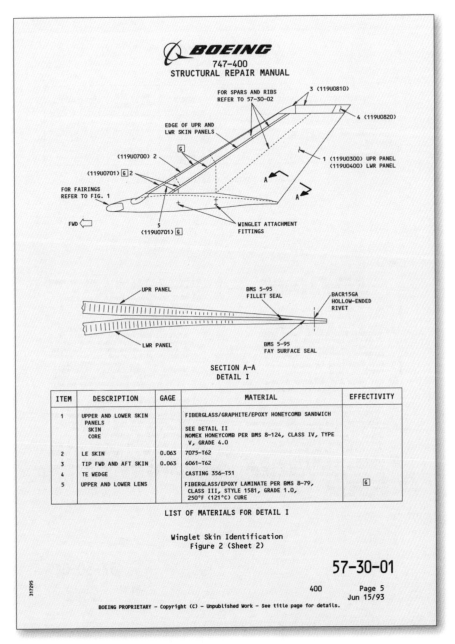

圖7-38　波音747的SRM第57-30-01小節的結構材料資訊

747-400
STRUCTURAL REPAIR MANUAL

DESCRIPTION	CRACKS	NICKS, GOUGES, SCRATCHES AND CORROSION	DENTS	HOLES AND PUNCTURES	DELAMINATION
SKIN (ALUMINUM)	A	B	SEE DETAIL V	C	————
SKIN (FIBERGLASS HONEYCOMB)	D	E	F	D	D
RIB (ALUMINUM)	H	B	SEE DETAIL V	I	————

ALLOWABLE DAMAGE FOR DETAILS I AND II
TABLE I

NOTES

- THESE ALLOWABLE DAMAGE LIMITS ARE FAA APPROVED CONTINGENT ON ACCOMPLISHMENT OF THE INSPECTIONS AT THE REQUIRED INTERVALS CONTAINED HEREIN
- REFER TO AMM 51-21-00 FOR INTERIOR AND EXTERIOR FINISHES
- REFER TO 51-10-01 FOR AERODYMANIC SMOOTHNESS REQUIREMENTS. WHERE DAMAGE EXCEEDS THE LIMITS SHOWN IN 51-10-01, CONSIDERATION SHOULD BE GIVEN TO LOSS OF PERFORMANCE INVOLVED
- REFER TO 51-10-02 FOR INSPECTION AND REMOVAL OF DAMAGE

A EDGE CRACKS MUST BE REMOVED PER DETAILS III AND VI, OTHER CRACKS THAT CAN BE REWORKED PER C ALLOWED

B REMOVE EDGE DAMAGE PER DETAILS III AND VI. REMOVE OTHER DAMAGE PER DETAIL IV

C HOLES UP TO 0.25 DIAMETER, NOT CLOSER THAN 0.75 INCH TO AN ADJACENT HOLE, OTHER DAMAGE, OR PART EDGE ALLOWED. PLUG HOLE WITH A 2117-T3 OR T4 ALUMINUM RIVET INSTALLED WET WITH BMS 5-95 SEALANT

D REMOVE EDGE DAMAGE PER DETAILS III AND VI. OTHER DAMAGE TO MAX LENGTH OF 0.75 ALLOWED. FOR DAMAGE IN HONEYCOMB AREA SEE DETAIL VII. DAMAGE ALLOWED TO ONE SURFACE AND HONEYCOMB CORE ONLY. PROTECT DAMAGE PER G UNTIL REPAIRED

E DAMAGE TO SURFACE RESIN ALLOWED. IF FIBER DAMAGE EXISTS REFER TO D

F DENTS RESULT IN DELAMINATION AND FIBER DAMAGE AND MUST BE TREATED AS A HOLE OR PUNCTURE DAMAGE

G REMOVE MOISTURE FROM DAMAGE AREA. USE OF VACUUM AND HEAT (MAX OF 125°F [52°C]) TO REMOVE MOISTURE FROM HONEYCOMB CELLS IS RECOMMENDED. PROTECT DAMAGE FROM ENTRANCE OF WATER, SUNLIGHT OR OTHER FOREIGN MATTER BY SEALING WITH ALUMINUM FOIL TAPE (SPEED TAPE). RECORD LOCATION AND INSPECT AT AIRPLANE "A" CHECK. REPLACE THE ALUMINUM FOIL TAPE IF ANY PEELING OR DETERIORATION IS EVIDENT. REPAIR NO LATER THAN THE NEXT "C" CHECK

H EDGE CRACKS MUST BE REMOVED PER DETAILS III AND VI. OTHER CRACKS ALLOWED UP TO 3 INCHES MAX OR THRU 3 FASTENERS. STOP HOLE END OF CRACKS WITH 0.25 DIA HOLE, UNLESS THE CRACK HAS BEEN TERMINATED IN AN EXISTING HOLE OR PART EDGE

I HOLES UP TO 0.50 DIAMETER, NOT CLOSER THAN 1.0 INCH TO AN ADJACENT HOLE, OTHER DAMAGE, OR PART EDGE ALLOWED. PLUG HOLE WITH A 2117-T3 OR T4 ALUMINUM RIVET INSTALLED WET WITH BMS 5-95 SEALANT

Winglet Fairing Allowable Damage
Figure 101 (Sheet 2)

57-30-01

400.1   Page 102
                   Jun 20/04

圖7-39　波音747-400的SRM第57-30-01小節的可允許損傷準則

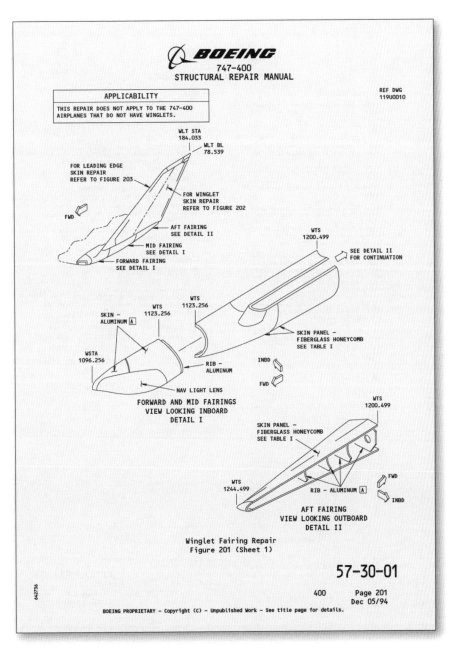

圖7-40　波音747-400翼端帆前緣修理圖

747-400
STRUCTURAL REPAIR MANUAL

REPAIR INSTRUCTIONS

1. Cut out the damaged skin to a rectangular shape. Radius corners 0.50 min.

2. Make repair plate 1. Form to required contour.

3. Make the repair doublers, and strap items 2, 3, and 4 into required contour.

4. Break all sharp edges of original and repair parts 0.015 to 0.030 inches.

5. Locate, drill and countersink fastener holes.

6. Remove all nicks, burrs, scratches and corners from original and repair parts.

7. Alodine treat and apply one coat of BMS 10-11 to repair parts and raw edges of skin per 51-20-01.

8. Install repair doublers, and strap items 2, 3, and 4 through rectangular hole in skin making a faying surface seal with BMS 5-95 sealant. Rivet in place using SOLID BACR15CE6AD rivets installed wet with BMS 5-95 sealant.

9. Fit repair plate onto doubler and fasten using blind NAS1739E6 rivets installed wet with BMS 5-95 sealant.

10. Fill gaps between skin and repair plate with BMS 5-79 or BMS 5-95 sealant.

NOTES

• REFER TO THE FOLLOWING WHEN MAKING THIS REPAIR:

51-10-00 FOR INVESTIGATION AND CLEANUP OF DAMAGE

51-10-01 FOR AERODYNAMIC SMOOTHNESS REQUIREMENTS, WHERE THE REPAIR EXCEEDS THE LIMITS SHOWN IN 51-10-01 CONSIDERATION SHOULD BE GIVEN TO THE LOSS OF PERFORMANCE INVOLVED

51-10-05 FOR SEALING OF REPAIRS

51-20-01 FOR PROTECTIVE TREATMENT OF METAL REPAIR PARTS

51-40 FOR FASTENER CODE, REMOVAL, INSTALLATION, HOLE SIZES AND EDGE MARGINS

51-20 OF THE 747-400 MAINTENANCE MANUAL FOR FINISHES

SYMBOLS

◆ REPAIR FASTENER LOCATION

REPAIR MATERIAL			
PART		QTY	MATERIAL
1	REPAIR PLATE	1	0.063 CLAD 7075-T6
2	DOUBLER	1	0.071 CLAD 7075-T6
3	DOUBLER	1	0.071 CLAD 7075-T6
4	STRAP	1	0.071 CLAD 7075-T6

Leading Edge – Winglet Skin Repair – Flush Patch
Figure 203 (Sheet 1)

57-30-01

01   Page 205
            Dec 15/90

642830

圖7-41　波音747-400翼端帆前緣修理說明

再來看空中巴士A300-600的SRM第57-30-11小節如何描述翼尖的結構修理。假設一架空中巴士A300-600已經做過改裝編號AM5527而具有翼尖翼柵（wing tip fence），在第57-30-11小節頁碼區塊1至99可以看到結構圖，如圖**7-42**所示。

同樣假設在執行360度檢查時，發現導航燈和附近的翼尖前緣受損，於是翻到SRM第57-30-11小節第9頁找到對應項目編號95、100、105的資訊，如圖**7-43**所示。

由圖**7-43**可知項目編號95是上方蒙皮、100是燈罩框（frame）、105是前方蒙皮，材料均為編號5.322/9，厚度均為1.4公釐（0.056英吋）。金屬材料、非金屬材料可分別在SRM的第51-31-00小節、第51-33-00小節找到材料編號的詳細資訊；此處5.322/9代表Clad 2024T42鋁合金。在項目編號95後方寫著PB201代表可依據頁碼區塊201的程序來修理，若ACTION OR REPAIR這欄是空白，則要詢問空中巴士公司如何修理。在項目編號105A後方寫著02代表左側件號A57260272204和項目編號105的件號A57260272202是雙向互換，而第二列的A57260272205和A57260272203是右側件號，A08487H5261代表項目編號105A做過改裝。另外，如果在修理時發現項目編號80的托架（bracket）也受損，空中巴士公司的建議是不修理而直接購買件號A57260282200來更換。

圖**7-44**是可允許損傷準則的範例，打磨（blending）之後的最大深度是原本厚度的10%，最大面積是500平方公釐，最大長度75公釐，相鄰兩個打磨處的最小距離是100公釐。

比較波音747-400和空中巴士A300-600兩機型的SRM，可發現都以簡單易懂的方式來提供材料資訊和修理程序，因此，SRM的內容並不難，但難在動手修理結構的技術，尤其是現在越來越多飛機結構使用複合材料，例如圖**7-39**所示的SKIN（fiberglass honeycomb）就是指玻璃纖維蜂巢結構的蒙皮。國內懂得修理金屬材料的白鐵（sheet metal）人

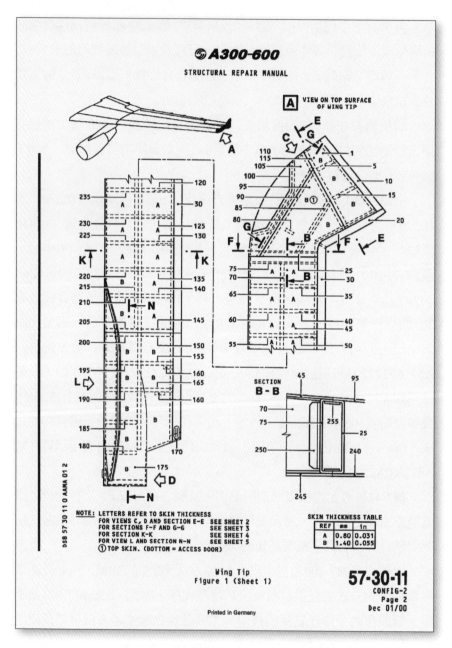

圖7-42　空中巴士A300-600翼尖結構圖

A300-600
STRUCTURAL REPAIR MANUAL

ITEM	NOMENCLATURE	SPECIFICATION AND/OR SECTION CODE	THICKNESS IN MM (IN.) AND/ OR PARTNUMBER	I C	ACTION OR REPAIR	STATUS (MOD/PROP) SB/RC
60	Rib	5.322/9	A57260205226 227 0.80(0.031)		PB201	
65	Rib	5.322/9	A57260205224 225 0.80(0.031)		PB201	
70	Rib	5.322/9	A57260318200 201 1.20(0.047)		PB201	
75	Rib	5.322/9	A57260211200 201 1.20(0.047)			
80	Bracket	5.312/4	A57260282200		Replace	
85	Stringer	5.322	A57260279200 201 1.20(0.047)			
90	Rib, Corner	5.322/9	A57260264204 205 3.20(0.126)			
95	Skin, Upper	5.322/9	A57260268202 203 1.40(0.056)		PB201	
100	Frame, Lamp Cover	5.322/9	A57260273206 207 1.40(0.056)			
105	Skin, Forward	5.322/9	A57260272202 203 1.40(0.056)			
105A	Skin, Forward	5.322/9	A57260272204 205 1.40(0.056)	02		A08487H5261
110	Angle, Intermediate Rib	5.322/9	A57260280202 203 1.40(0.056)			
115	Web Plate, Intermediate Rib	5.322/9	A57260280200 201 1.20(0.047)			
120	Rib	5.322/9	A57260205218 219 1.00(0.039)		PB201	
125	Rib	5.322/9	A57260205220 221 1.20(0.047)		PB201	

R (item 105A)

Assy Dwg.: A57260301, A57260260

Key to Figure 1

57-30-11
CONFIG-2
Page 9
Dec 01/99

Printed in Germany

圖7-43　空中巴士A300-600翼尖結構資訊

A300-600

STRUCTURAL REPAIR MANUAL

(2) Attached Flanges : Limitations as for skin provided the bend radius is not affected. Dents are not allowed in the area 50 mm (2.0 in.) from the edge of any attachment of the wing tip to wing. (Refer to Figure 102).

(3) Free flanges. Dents are not allowed in any free flange (Refer to Figure 102).

3. SCORES, SCRATCHES AND MILD CORROSION

A. Damage to be blended out to a smooth contour and inspected for cracks. Limits after blending are as follows:

Maximum depth - 10% of nominal material thickness
Maximum surface area affected 500 sq.mm (0.78 sq. in.)
Maximum length 75 mm (3.0 in.)
Minimum distance apart 100 mm (4.0 in.)

57-30-11
CONFIG. 2
Page 102
Jun 01/01

R

Printed in Germany

圖7-44　空中巴士A300-600翼尖可允許損傷的準則

員不少，但熟悉複材修理技術的人卻不多。SRM只是提供修理程序，並不會教導很基本的複材修理技術，所以年輕人若想在民航維修這個領域出人頭地，複材修理是一個值得努力的方向。

　　本節最後要提醒一點：SRM是針對特定機型來編寫，因此即使同一系列但不同型別的機隊，一定要確定SRM是否適用。例如波音747-400客機和747-400F貨機，各有其適用的SRM，千萬不可將747-400客機的SRM拿來進行747-400F貨機的結構修理工作。也許維修人員在波音747-400F貨機實際施工時遵守此規定，但在維修記錄上簽證時，不小心發生錯誤，例如要寫"Repair fuselage floor panels under cockpit door per B747-400F SRM 53-00-50 latest version"，但誤寫成"B747-400"SRM，就會在日後造成爭議——到底是用B747-400的SRM來修理？還是用B747-400F的SRM來修理？所以，維修人員不僅在查閱手冊要注意適用版本，做適航簽證時更是要小心謹慎，千萬不要寫錯了。

 ## 第九節　適航指令

　　適航指令（airworthiness directives，簡稱AD）可依其內容屬性分成軟硬體改裝AD、文件程序AD、檢查用AD。

　　本節以下列三個適航指令做為範例來進一步說明：

　　第一個例子是EASA於2021年2月17日發布的AD 2021-0039R2[22]，對應到FAA AD 2020-24-02。這是一份兼具軟硬體改裝和文件程序屬性的AD，適用在歐盟會員國登記的全部波音737-8和737-9（也就是波音737 MAX），在2021年1月27日（此AD最早發布日期）以後首次飛航之前，必須完成下列工作：

---

[22]下載網址ad.easa.europa.eu/blob/EASA_AD_2021_0039_R2.pdf。

1. 依據緊急技術通報737-22A1342更新飛控電腦的軟體（FCC OPS），並執行軟體安裝測試。

2. 依據技術通報737-27-1320，在操縱桿震動器的每個斷電器（circuit breaker，簡稱CB）上安裝塗著顏色的蓋子（coloured cap）。

3. 將此AD附件1的圖1至11插入航空器飛航手冊（AFM），來做好文件修訂的工作。若有更新版本的AFM，也同樣符合此項要求。

4. 除非將此AD附件1的圖12插入使用人的MEL，否則不得操作（放飛）。

5. 依據技術通報737-31-1860（見下一節），安裝並驗證MAX顯示系統（MDS）處理電腦的軟體，並移除失效（INOP）標籤。

6. 依據技術通報737-27-1318第2版，修改水平安定面配平線束的布線。

7. 依據技術通報737-00-1028，進行攻角（AOA）感測器系統測試。

8. 完成上述七項工作後，依據此AD附件2來實施航務實證飛航（operational readiness flight）。

除此之外，從2021年1月27日開始，每名波音737 MAX駕駛員都要接受此AD所指定的訓練才能進行商業或非商業飛航，但空機飛渡（ferry flight）不在此限。同時也要確保飛航模擬訓練裝置（flight simulation training devices，簡稱FSTD）要能符合此AD的要求。

第1項、第5項、第6項、第7項要求的改裝工作與FAA AD 2020-24-02一致，但第2項要求與FAA AD 2020-24-02並不一致，而第3項、第4項、第8項要求則大致符合FAA AD 2020-24-02但有些差異。

第二個例子是本國民航局於2018年5月7日發布的適航指令CAA-

2018-05-003[23]，直接採用FAA AD 2018-09-10的要求。這是一份用來重複檢查的AD，適用於多種型號的CFM56發動機，目的是避免風扇葉片失效。

　　由於美國先前曾發生一架波音737的CFM56發動機風扇葉片斷裂而使碎片穿進機身造成失去艙壓且一名乘客喪生的悲劇[24]，故FAA發布適航指令來改正這個不安全的情況。其要求如下：

1. 在風扇葉片的鳩尾槽（dovetail）執行超音波檢驗或渦電流檢驗，第一次必須在風扇葉片累積20000趟飛行之前，或自AD生效日起113天內；然後每隔最多3000趟飛行要重複執行一次。超音波檢驗方法如技術通報CFM56-7B S/B 72-1033（見下一節）所述，渦電流檢驗程序則是CFM發動機手冊的Task 72-21-01-200-001。
2. 如果檢驗結果發現某一風扇葉片有缺陷，就要換掉這片葉片。

　　另外，換上的風扇葉片必須是累積不超過20000趟飛行，或在最近300趟飛行內已執行過超音波或渦電流檢驗。

　　第三個例子是FAA於2019年7月23日發布的AD 2019-13-03[25]，這是一份單次檢查的AD，適用於Trig Avionics Limited公司出產的TT31 Mode S航管雷達迴波器，件號00220-00-01和00225-00-01、序號05767至09715、改裝層級6以下，或是Avidyne Corporation公司出產的AXP340 Mode S航管雷達迴波器，件號200-00247-0000或Trig Avionics的件號01155-00-01、序號00801至01377、改裝層級0，或是

---

[23]下載網址www.caa.gov.tw/FileFlightInstruction.ashx?fiad=CAA-2018-05-003。
[24]詳見en.wikipedia.org/wiki/Southwest_Airlines_Flight_1380。
[25]下載網址https://www.cessnaflyer.org/knowledge-base/aviation-alerts/item/1374-2018-ne-39-ad-amendment-39-19676-ad-2019-13-03-trig-avionics-limited-transponders.html。

BendixKing/Honeywell International公司的KT74 Mode S航管雷達迴波器，件號89000007-002001或Trig Avionics的件號01157-00-01、序號01143至02955、改裝層級0。

發布此AD的原因是在裝置座（mounting tray）的固定凸輪（retaining cam）可能無法於緊急降落時承受G力，故FAA要求使用人執行下列工作，以避免航管雷達迴波器由航電架上脫落：

1. 自生效日期2019年8月27日算起90天內，檢查航管雷達迴波器是否裝在面向後方的傳統航電架上。
2. 若裝在面向後方的傳統航電架上，就不必做任何事；但若不是裝在面向後方的傳統航電架上，就要在下一趟飛航之前把航管雷達迴波器拆下來。
3. 執行Trig Avionics Limited技術通報SUP/TT31/027、SUP/AXP340/002、SUP/KT74/005。

由本書第四章第四節可知，適航指令的目的是改善不安全的航空產品，一旦逾期執行或未執行適航指令，將使航空產品處於不安全的狀態，便不合於適航安全條件。所以，如果飛機、發動機、螺旋槳或零組件適用於某一份AD，就務必在期限前完成其要求的工作，以符合持續適航的規定。

第十節　技術通報

技術通報（service bulletin，簡稱SB）一般可依其重要性分成強制執行（mandatory）、建議（recommended）、選用（optional），有的

廠商會增加其他等級，例如高度建議（highly recommended）[26]或值得去做（desirable），也有廠商將SB的等級以數字來表示[27]。

強制執行的SB當然沒話說，因為對應到AD就非執行不可。若是列為建議或高度建議的SB也有很大機會執行，而其他等級就要看情況了。所以當航空公司收到一份SB時，除了依據飛航安全的重要性來判斷是否要執行，還會看廠商發布SB的理由。另一個考量則是成本，這也就是發布SB的廠商都會指明人工小時和SB器材包（kit）或工具的價格，好讓航空公司或維修廠能夠評估投入這些資源來做此一SB是否值得。

絕大多數改裝的工卡都源自於SB，所以大多數維修人員其實只看到工卡而看不到SB。然而，正如本書第一章第二節第三項所提到的飛安事故，假使維修人員能看到發動機SB RB-211-29-C625的內容，或許就不會裝上pre-SB的液壓管而造成post-SB的燃油管被磨破。因此，本節將以下列幾個技術通報做為範例來說明：

第一個SB是波音公司於2020年6月12日發布的737-31-1860[28]，對應到FAA AD 2020-24-02，所以即使此SB第12頁的E. Compliance寫著波音建議（recommends）執行，但這其實就是一份被AD要求強制執行的SB。

依據第12頁的G. Manpower，執行這份SB只需要1個人花0.65小時（第13頁寫的0.6小時不知是波音算錯，還是有什麼原因可以縮短工時），且在第15頁也沒有軟體單價（推測是波音免費提供），所以對航空公司的成本影響並不大。

此SB雖然總共有20頁，但用於實際維修工作其實只有第18至20頁

[26]例如www.rockwellcollins.com/Search/TechPubs.aspx?id=2131200271&q=&q2=。

[27]例如www.pwc.ca/en/products-and-services/services/technical-publications/service-bulletin-compliance-codes。

[28]下載網址downloads.regulations.gov/FAA-2020-0686-0002/attachment_8.pdf。

所述的程序和圖示，再加上波音工程師們撰寫SB的水準向來不錯，所以還不算困難。

第二個SB是CFM公司於2018年5月9日發布的CFM56-7B S/B 72-1033R1[29]，對應到FAA AD 2018-09-10，所以這同樣也是一份被AD要求強制執行的SB。

在上一節的第二項AD提到，超音波檢驗方法如這份SB所述，也就是寫在第6至27頁。為了方便維修工作的進行，此SB第6頁指出發動機製造商CFM有一整套工具GE-CFMI-723可用於超音波檢驗。另外，依據第4頁的G. Manpower，為每具發動機執行此SB需要2個人工小時，但不包含接近發動機檢驗區域的時間。

此SB在第25頁有一張流程圖（**圖7-45**），方便讓寫工卡的工程師和實際動手的維修人員瞭解這項超音波檢驗的全貌。由這張流程圖可以曉得工作步驟大致為：設定超音波檢驗設備→做風扇葉片凹面的系統校驗→在風扇葉片凹面做超音波檢驗→判斷是否有瑕疵→做事後校驗→做風扇葉片凸面的系統校驗→在風扇葉片凸面做超音波檢驗→判斷是否有瑕疵→做事後校驗；若有瑕疵則要先做評估，確定瑕疵超限就必須更換風扇葉片。

第三個SB是Hartzell Propeller公司於2007年9月17日發布的HC-ASB-61-297[30]，對應到FAA AD 2008-13-28，所以儘管此SB第6頁的E. Compliance敘述不明確，但這同樣也是一份被AD要求強制執行的SB。基本上，當航空公司收到緊急技術通報（Alert SB）時，大概也知道民航主管機關很快就會走完行政程序、發布AD來強制執行。

依據第8頁的G. Manpower，在飛機上做渦電流檢驗的工時為1個人工小時，更換螺旋槳轂（hub）花費8個人工小時，假如因為更換螺旋

---

[29]下載網址downloads.regulations.gov/FAA-2018-0443-0002/attachment_2.pdf。
[30]下載網址hartzellprop.com/SERVICE-DOCUMENTS/SB/HC-ASB-61-297.pdf。

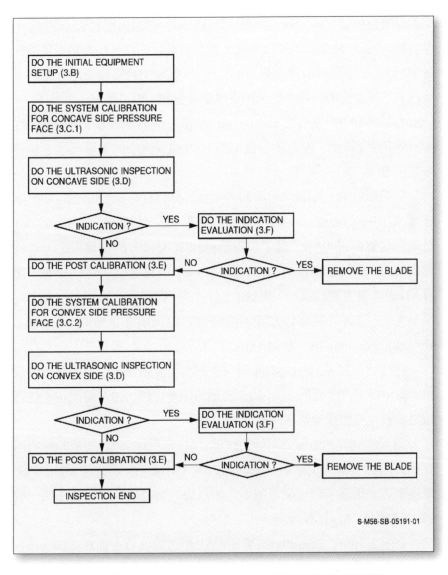

圖7-45　執行CFM56-7B S/B 72-1033R1超音波檢驗的流程圖

槳轂而要爲轉盤（spinner）隔板（bulkhead）改裝則需3個人工小時，還要8個人工小時來改裝螺旋槳轂，如果有必要的話，每片螺旋槳葉片得用1個人工小時拆裝鐵氟龍（teflon），但若配合螺旋槳翻修的話，可以省下螺旋槳轂分解／組裝和更換鐵氟龍的人力工時。

在第9頁的H. Weight and Balance值得一提，雖然重量增加的幅度不大，頂多1磅重，但若是看到別的SB增加或減少的重量不小，就要多加留意。

第四個SB是Pilatus公司於2017年11月6日爲PC-6發布的55-003[31]，在第2頁的E. Compliance標明此SB是建議性質。雖然另一個SB 55-001是強制性質而這份SB不是，但對於pre-SB 55-001的飛機來說，執行這份SB也可以視爲SB 55-001的替代方案（AMoC）。這代表著，儘管AD通常要求執行某一特定SB，但並非只要執行此一特定SB才可滿足AD，若有其他替代方案，還是可以跟民航主管機關（national airworthiness authority）討論AMoC的合法性。

同樣地，在第3頁H. Manpower也列出需要14個人工小時在每架飛機上做SB、花費7.5個人工小時來處理每個備份件，這些時間並不包含讓封膠硬化、塗漆變乾在內。

第五個SB是Pilatus公司於2017年11月6日爲PC-6發布的27-004[32]，在第1頁的C. Reason提到，現有的STAB TRIM（水平安定面配平）斷電器不容易讓航空器駕駛員按下，所以要在駕駛艙中央面板加裝一個STAB TRIM – MAIN斷電器。

在第2頁的E. Compliance標明此SB是選用性質，而H. Manpower也列出需要14.5個人工小時來執行此SB。在第3頁的M. Publications

---

[31] 下載網址www.pilatus-aircraft.com/data/tech_pub/PC-6%20SB%2055-003%20 Rev3%20homepage.pdf。

[32] 下載網址www.pilatus-aircraft.com/data/tech_pub/PC-6%20SB%2027-004%20 Rev%202.pdf。

Affected提到AMM和IPC都會受到此SB的影響，而N. Interchangeability of Parts指出pre-SB和post-SB的零件是不可互換的。

由前述五個SB的例子可知，各廠商的SB有很大的差異，某些可讀性很高，但某些實在很難讀懂，對大多數維修人員來說挑戰性很高，要熟悉各家SB並不是一件容易的事，就像民航維修的實作技術一樣，需要累積足夠的經驗才行。無論如何，藉由本節的簡介，至少可以讓各位稍微瞭解什麼是SB。

 ## 第十一節　本章小結

本章先把維修手冊的一般情況做個簡單介紹，再分別針對AMM、IPC、TSM或FIM、WDM、EMM、CMM、SRM，以及AD和SB，進行深入的各別說明。但因為各原廠對這些手冊和文件的編寫格式和呈現風格可能有所差異，故無法保證本章說明適用於全部民航機。儘管如此，筆者仍希望讀者能藉由本章的介紹，對維修手冊及文件有初步的理解，再逐漸累積查閱各種手冊的經驗而使工作更加熟練。

本章摘要

＊ASN是由3組兩碼數字組成，分別是第一組：第幾章或系統、第二組：小節或次系統、第三組：項目或單元。

＊查閱維修手冊時要注意標示於各頁下方或各維修程序開頭的有效性。

＊航空器維修手冊（AMM）和分解零件件號冊（IPC）是維修人員最常用到的手冊。

＊近期的AMM分成第一部分SDS和第二部分PP，早期的AMM則以頁碼區塊來劃分。

＊SDS或頁碼區塊1至99說明系統和組件（component）如何運作、使用者如何操作這些系統，以及系統的構造、與其他系統的介面關係。PP或201之後的頁碼區塊則包含了實際維修的程序。

＊訓練手冊的文字敘述或精簡圖示只是幫助我們對各個系統或次系統有初步的認識，正確而詳細的說明和圖解，還是要以AMM為準才對。

＊維修程序會用AMTOSS（Aircraft Maintenance Task Oriented Support System）標準來標示。

＊當飛機維修人員想要領用第一線可更換零件時，絕大多數都可以在IPC裡頭找到。

＊IPC的內容包含了分解爆炸圖、零件資訊表格兩個部分。

＊查詢IPC的做法有兩種：一是利用IPC各章的目錄來查詢，二是直接用大零件的件號來查詢。

＊故障診斷手冊（TSM或FIM）的目的是為了方便維修人員快速

找出故障源頭並予以排除。

＊不論是否以流程圖的方式來呈現，TSM和FIM的內容在本質上都是走流程的觀念。

＊原則上按照TSM的步驟或FIM的流程圖來工作，並不會出差錯。

＊線路圖手冊（WDM）是把航空器的電氣線路繪製成冊，在量測電路、尋找故障位置時，會有很大的助益。

＊由於電氣裝置的數量很多，所以在WDM會特別整理出分門別類的各種清單，像是斷電器清單、電線清單、備份電線清單、接地清單、接線清單等等。

＊維修人員使用WDM可能會有下列兩種情況：(1)在飛機上看到電線的號碼，想知道這條電線兩端接到哪裡，兩端各延續什麼編號的電線。(2)在WDM看到一條電線的號碼，想知道這條電線位於飛機上什麼區域。

＊基本上發動機手冊（EM）是針對發動機從飛機上拆下（off aircraft）之後的維修工作而編寫，而AMM則是說明發動機裝在飛機上（on wing）之後的維修工作。

＊EM如同AMM一樣由各個頁碼區塊來分隔不同種類的維修工作，但頁碼區塊的劃分與AMM不盡相同。

＊組件維修手冊（CMM）類似EM，只是範圍局限於單一組件，同樣也都以頁碼區塊的方式來為維修工作做分類。

＊結構修理手冊（SRM）包含可被允許的結構受損準則、結構材料識別、適用於最可能受損的飛機結構組件之修理設計，以及熟悉飛機的相關資訊和一般的修理實作和材料。

＊維修人員若發現結構受損但在SRM無法找到對應的修理方案，可考慮下列方法：(1)依據最新版期SRM的第51章一般性修理實作和程序來修妥受損部位；(2)等到適合此受損情況的特定修理

設計被核准之後，再拿來施工；(3)直接更換受損的結構組件。

＊SRM的使用方法為：(1)查閱可允許損傷的準則；(2)識別受損部位的材料；(3)查看是否有修理資訊。

＊SRM是針對特定機型來編寫，因此即使同一系列但不同型別的機隊，一定要確定SRM是否適用。

＊適航指令（AD）可依其內容屬性分成軟硬體改裝AD、文件程序AD、檢查用AD。

＊如果飛機、發動機、螺旋槳或零組件適用於某一份AD，就務必在期限前完成其要求的工作，以符合持續適航的規定。

＊技術通報（SB）可依其重要性分成不同等級。

＊在SB當中會列出所需人力工時和器材包（kit）或工具的價格，以便評估是否值得執行此份SB。

問題思考

➤請在能力範圍內取得任一機型的AMM、IPC、TSM或FIM、
EM、CMM、AD、SB，試著與本節的介紹做比較，看看各機型
的維修手冊或文件有何異同。

➤請問本章第三節**圖7-15**第1項在最左欄開頭的橫槓，中間欄的
（STA. 379 TO STA. 483）、SEE 38-10-00-19C FOR NHA，以及
最右欄RF，分別代表什麼意思？

➤每一份AD都要仔細評估，若適用就必須執行此AD。但每一份
SB是否也要仔細評估呢？若適用，是否就必須執行此SB呢？

Chapter 8

總　結

　　本章將把民航維修做一綜合說明，目的是讓讀者從歷史的演變瞭解未來的發展方向。

　　首先讓我們從上個世紀民航發展看起。1903年12月17日萊特兄弟完成人類史上的動力載人飛機首航，當時，這些航空先驅者通常既負責飛機的設計、裝配製造、操控駕駛，更負責飛機故障時的維修工作。民國初年，擔任臨時大總統的孫中山先生成立航空局，在廣州、杭州、昆明、南京等地建置機場和飛機修造廠，而後北洋政府也在民國8年買進135架飛機。然而，由於缺乏維修費用及技術人員，許多飛機零件嚴重鏽蝕到無法飛航。很明顯地，在20世紀初期，本國民航界重視飛機的使用、配造，但對維修並不怎麼重視。在無故障就不修理保養的錯誤觀念作祟下，本國民航產業很難有好的發展。

　　民國20年終於有了專職維修飛機的機械員，在南苑飛機維修廠負責維修停靠北平的飛機，民航維修總算在跌跌撞撞的情況下，逐漸步上軌道。隨著中美合資設立中國航空公司（簡稱中航）、中德合資的歐亞航空公司改組成中央航空（簡稱央航），許多技術人員前往美國學習，提升了維修水準。從此之後，本國的民航界有很長的歲月都採用美國的維修體系。

　　日本在第二次世界大戰無條件投降之前，曾招募一批臺灣青年前往名古屋三菱工廠和神奈川大和市的高座工廠製造軍機[1]，也有臺中人謝文達、高雄人楊清溪等臺籍人士取得商用航空飛行執照[2]。但在民航維修方面，似乎找不到任何有關臺籍人士的紀錄。

　　在政府遷臺、中航和央航兩航投共後，民航空運隊從大陸運來了

---

[1] 參閱《國史研究通訊》第十一期由陳柏棕紀錄的〈造飛機的代誌──陳臣堅先生訪談錄〉

[2] 參閱戴寶村所著的〈日治時期殞落的臺灣飛行士：楊清溪（1908-1934）〉（https://www.ntl.edu.tw/public/Attachment/45141013414.pdf）或《科學月刊》第34卷第12期由吳餘德、蔡光武所著的〈台灣的飛行前輩謝文達與楊清溪〉。

飛機維修的設備，在臺南機場落地生根成爲現今的亞洲航空公司（簡稱亞航）[3]。早年的亞航（第六章第二節），可說是第二次世界大戰之後臺灣最重要的民航維修公司。慢慢地，遠東航空、中華航空集團、長榮航空集團也都陸續建立了規模不小的維修廠，民航維修的專業程度越來越得到各方的重視。

在整個民航產業中，飛機的設計固然重要，所以TC和STC（第四章第二節）十分有價值；飛機的製造更是重要，因此PC、PMA、TSOA（第四章第二節）也不容忽視。然而，AC（第四章第二節）並非永遠有效，若缺乏適當的維修，AC將會失效。因此，我們應記取民國初年重視使用、重視配造，卻輕視維修的教訓。高職和科大除了造就可以研發飛機的設計師、培養能夠製造飛機的技術士，更要好好訓練確保飛航安全的航空器維修工程師。同時兼顧初始適航和持續適航（第四章第三節），這才是筆者認爲本國民航產業未來發展的正確方向。

各位，準備好了嗎？Let's Go!

---

[3] 參閱中央大學歷史研究所張興民所著碩士論文《從復員救濟到內戰軍運──戰後中國變局下的民航空運隊》，第115至116頁。

附錄　中英名詞對照表

英文	縮寫	中文
Active Error		顯性失誤
Air Traffic Controller	ATC	飛航管制員
Air Traffic Management	ATM	飛航管理
Aircraft		航空器
Aircraft Dispatcher		航空器簽派員
Aircraft Flight Manual	AFM	航空器飛航手冊
Aircraft Maintenance Engineer	AME	航空器維修工程師
Aircraft Maintenance Manual	AMM	航空器維修手冊
Aircraft On Ground	AOG	飛機因缺件而停飛
Aircraft Pilot		航空器駕駛員
Airman		航空人員
Airworthiness		適航
Airworthiness Certificate	AC	適航證書
Airworthiness Directives	AD	適航指令
Approved Maintenance Organization	AMO	維修組織
ATC Transponder		航管雷達迴波器
Aviation Product		航空產品
Buttock Line	BL	左右縱剖線
Cabin Crew		客艙組員
Cabin Log		客艙日記簿
Central Maintenance Computer System	CMCS	中央維修電腦系統
Circuit Breaker	CB	斷電器
Civil Aviation Administration Of China	CAAC	中國大陸民航主管機關
Component Maintenance Manual	CMM	組件維修手冊
Configuration Deviation List	CDL	外形差異手冊
Continued Airworthiness或Continuing Airworthiness		持續適航
Continuous Airworthiness Maintenance Program	CAMP	持續適航維護計畫
Crew Resource Management	CRM	組員資源管理
Dangerous Good		危險物品

英文	縮寫	中文
Dirty Dozen		骯髒的12件事
Dispatch Deviation Guide	DDG	派飛偏異指引
Distance Measuring Equipment	DME	距測儀
Electrical Flashover		電氣閃火
Engine Manual	EM	發動機手冊
Engine Shop		發動機工廠
Ergonomics		人因工程
European Union Aviation Safety Agency	EASA	歐盟民航主管機關
Explorsive Illustration		分解爆炸圖
Fault Isolation Manual	FIM	故障隔離手冊
Federal Aviation Administration	FAA	美國民航主管機關
Federal Aviation Regulation	FAR	美國聯邦航空法規
Feeler Gauge		厚薄規
Ferry Flight		空機飛渡
Flight Engineer		飛航工程師
Flight Logbook		飛航日記簿
Ground Support Equipment	GSE	地面支援裝備
Hexagon Key		內六角扳手
Human Error		人為失誤
Human Factor		人為因素學
Human Performance		人為能力
Illustrated Parts Catalog	IPC	分解零件件號冊
Illustrated Parts List	IPL	零件圖解
International Civil Aviation Organization	ICAO	國際民航組織
Interrogator		詢問器
Latent Error		隱性失誤
List Of Effective Pages	LEP	有效頁次表
Low Cost Carrier	LCC	低成本航空公司
Maintenance		維修
Maintenance Control Center	MCC	修護管制中心
Maintenance Planning Document	MPD	維護計畫書
Maintenance Resource Management	MRM	維修資源管理
Maintenance Review Board	MRB	維護委員會
Maintenance, Repair, Overhaul	MRO	維修組織
Mandatory Continuing Airworthiness Information	MCAI	強制持續適航資訊

英文	縮寫	中文
Manufacturing Serial Number	MSN	製造序號
Master Minimum Equipment List	MMEL	主最低裝備需求手冊
Maximum Take Off Weight	MTOW	最大起飛重量
Maximum Weight	MW	最大重量
Memory Items		記憶項目
Minimum Equipment List	MEL	最低裝備需求手冊
Multimeter		三用電表
Next Higher Assembly	NHA	上一層組合關係
Non-Destructive Inspection	NDI	非破壞性檢驗
Non-Destructive Test	NDT	無損檢測
Operation Dispatcher	OD	航空器簽派員
Oscilloscope		示波器
Part Number		件號
Parts Manufacturer Approval	PMA	零組件製造者核准書
Plier		鉗子
Production Certificate	PC	製造許可證
Production Planning And Control	PPC	生產管理、修管
Quality Assurance	QA	品質保證
Ramp Coordinator	RC	機坪協調員
Ratchet		棘輪
Refurbishment		整修
Registration Number		登記編號
Repairman		維修員
Required Inspection Item	RII	必須檢驗項目
Safety Management System	SMS	安全管理系統
Screw Driver		解錐
Service Bulletin	SB	技術通報
Socket		套筒
Speed Handle		搖弓
Standard Practices Manual	SPM	標準實作手冊
Station	STA.	前後站位
Structure Repair Manual	SRM	結構修理手冊
Supplemental Type Certificate	STC	補充型別檢定證
Task Card		工卡
Technical Standard Order Authorization	TSOA	技術標準件核准書

英文	縮寫	中文
Temporary Revision	TR	臨時修訂
Terminal Crimping Plier		端子壓接鉗
Torque Wrench		扭力扳手
Trouble-Shooting Manual	TSM	故障診斷手冊
Type Certificate	TC	型別檢定證
Vernier Scale		游標卡尺
Water Line	WL	高低水線
Wire Stripper		剝線鉗
Wiring Diagram Manual	WDM	線路圖手冊
Wrench		扳手
Zonal Inspection		區域檢驗

觀光旅運系列

民航維修概論
——成為航空器維修工程師的第一步

作　　者／郭兆書
出 版 者／揚智文化事業股份有限公司
發 行 人／葉忠賢
總 編 輯／閻富萍
地　　址／新北市深坑區北深路三段 258 號 8 樓
電　　話／(02)8662-6826
傳　　真／(02)2664-7633
網　　址／http://www.ycrc.com.tw
 E-mail ／service@ycrc.com.tw
 I S B N ／978-986-298-367-6
初版一刷／2021 年 6 月
定　　價／新台幣 350 元

國家圖書館出版品預行編目（CIP）資料

民航維修概論：成為航空器維修工程師的第
一步 = Introduction to aviation maintenance
/ 郭兆書作. -- 初版. -- 新北市：揚智文化
事業股份有限公司, 2021.06
　　面；　公分. --（觀光旅運系列）

ISBN 978-986-298-367-6（平裝）

1.航空運輸管理　2.航空安全

557.94　　　　　　　　　　　　110006723